'스토리 셰프' 봉 작가의 맛있는
글쓰기
레시피

36년 글쓰기를 통해 숱한 이야기 밥상을 차려낸
'스토리 셰프' 봉 작가의

맛있는
글쓰기
레시피

봉 은 희 지음

글쓰기는
Slow food를
즐기는 것과 같다

벗나래

인생 이야기를 맛깔나게 요리하는
스토리 셰프의 글맛

봉은희 작가는 글을 맛나게 쓴다. 글맛이 있다.

그녀는 '스토리 셰프 대한민국 1호'다. 사람들의 인생 여정을 압축해서 맛있게 요리해내는, 말 그대로 이야기 요리사다. 그냥 요리사와는 다르다. 맛있고 감동적이며 때로는 한 편의 영화처럼 만들어내는 특급 주방장이다. 누구나 자신만의 특별한 사연 한두 개쯤은 가슴에 품고 살아간다. 그 의미를 꿰어보면, 소설 못지않게 흥미진진하고 가치가 있다. 그녀는 기자와 작가의 삶에서 한 발 더 걸어 나와 개인의 삶 속에 녹아 있는 다양한 이야기 재료들을 끄집어내어 맛깔나게 요리하는 주방장 역할을 십수 년째 이어왔다.

유명 셰프가 명품 요리로 식도락가들의 입맛을 사로잡는다면, 그녀는 마음을 움직이는 글쓰기로 승부한다.

김 명 수 인터뷰 전문기자, 인터넷 신문 '인물뉴스' 발행인

책 쓰기 버킷리스트를 완성해줄
믿음직한 지침서

일간지 기자로 일하던 1991년부터 이어진 저자와의 인연은 참으로 질기다. 글재주가 신통방통했던 여성잡지 기자였다. 짤막한 미담 기사를 신문에 게재하자, 그녀가 득달같이 연락해 왔다. 취재원의 주소지를 건네받아 밀착취재를 마치더니, 한 개인의 이야기를 맛깔나게 풀어냈다.

그 후 분야는 달랐지만 우리는 쓸 만한 기삿거리를 주고받는 공생관계를 이어갔다. 한참 소식이 끊길 만하면 그녀는 어디선가 불쑥 나타나 여전히 바쁘게 사는 모습을 보여주곤 했다. 그러던 어느 날 천직인 '글쓰기'에서 한 걸음 더 나아가 '북코칭 전문가'로 변신했음을 알려왔다. 많은 사람들의 버킷리스트를 채워주는 그녀를 보고 나는 마음속으로 박수를 보냈다.

나는 여전히 '활자의 힘'을 믿는 사람이다. 내 이름이 적힌 잉크 냄새 풍기는 책 한 권은 크나큰 자긍심을 준다. 또한 책은 나만의 내면세계를 응축시켜 수많은 독자와 공유할 수 있는 장을 만들어준다. 책 속에 있는 활자들이 위축되었던 나를 진취적이고 역동적으로 끌고 가기도 한다. 그 외에도 글과 책은 많은 이들에게 선한 영향력을 끼친다.

이 책은 자기만의 저서를 희망하는 이들을 위해 쓰였다. 어떻게 글을 쓰고, 어떤 내용을 담아야 하는지 36년 동안 수많은 사람의 책 발간을 돕고 지도하며 얻은 노하우를 자상하게 녹여 질 높은 가이드를 제공한다. 글쓰기를 둘러싼 탄탄한 이론은 물론, 쉽고 재미있게 감성까지 담아 엮어낸 문장들이 가슴을 두드린다. 자전적 이야기를 쓰려는 분들에게 유용한 교재가 될 것이다.

누구의 이야기든 갈고 다듬고 맛을 내 먹음직한 요리로 내놓는 재주를 지닌 봉은희 작가. 그녀가 '글쓰기'로 감성과 포근함, 삶의 여유를 널리 전파하는 전도사가 되기를 기원한다.

김 무 정 유나이티드문화재단 상임이사

극한직업,
북코치에 대해 말하다

극한직업이라는 표제를 달고 방송되는 바다 사나이들의 삶에 마음을 뺏긴 적이 많다. 손바닥 곳곳에 굳은살이 박혔지만 바다를 떠나지 않는 그들의 수고가 내 밥상을 짭조름하게 지져냈다는 것을 깨달았기 때문이다.

봉은희 작가의 현장이 그렇다. 큰 바다를 돌아 나오느라 지느러미가 찢기고 꼬리가 잘린 이야기들을 세심하게 만져, 상처를 봉합한 후 이들을 다시 큰 바다로 돌려보낸다. 아무나 쓰는 게 아니라는 글쓰기를 누구나 쓸 수 있는 글쓰기로 만들어 자칫 넋두리 가득한 메모에 그칠 뻔한 한 사람 한 사람의 시간을 치유의 지표로 펄럭이게 한다. 출퇴근 시간의 경계도 없이 그들의 삶에 온전히 몰입하니, 가히 극한직업이 아닐 수 없다. 하지만 그녀는 이 일을 자신에게 부여된 평생의 사명으로 안다.

목차를 읽는 순간부터 마지막 원고를 덮는 시간은 오래 걸리지 않지만, 극한직업 북코칭 작가의 이야기는 잠시도 딴생각을 할 수 없게 만든다. 분명 작가의 글인데 모조리 내 이야기로 다가오고, 구체적인 조언은 즉시 내 글에 영향을 주었다. 글쓰기에서 자유롭지 않은 모든 이들에게 일독을 권하고 싶은 책이다.

이 미 희 솔루니 논술교사

삶을 '연인' 삼는 글쓰기

무언가를 쓴다는 것은 내 안의 표현 욕구를 충족시키는 일이다.
그 과정은 거울을 들여다보듯 자신을 제3자의 시선으로
객관화시켜서 볼 수 있는 일정한 거리를 제공한다.

글을 쓴다는 것은 스스로를 어루만지는
자아성찰 여행과도 같다.
그도 그런 것이 글을 쓰는 동안 자기 자신에게
계속해서 질문을 던질 수밖에 없기 때문이다.
'나는 누구인가? 진정 나라고 믿어왔던 그가 맞는가?'
'여기까지 나는 정말 잘 살아왔나?'
'지금 나는 생의 어느 지점에 서 있는가?'

하나의 물음에 주관적 · 객관적인 답을 얻는 엽렵함이 생겨난다.
무릇 소시민의 삶에도 덮어두고 묵혀둔
이야기보따리의 무게가 제법 있게 마련이다.
그 짐을 풀어놓고 나면, 비로소 나의 삶도
타인의 관점으로 바라볼 수 있게 된다.
마치 아이가 하루아침에 성인으로 훌쩍 자란 것처럼,

또 다른 지평에 서 있는 자신을 발견한다.

글쓰기는 생각의 힘을 키우고 논리력을 키우는 최고의 공부이며,
그 사유를 통해 나와 소통하고 세상과 소통하는 일이다.
지금까지 자신이 경험하고 습득한
이론적 지식과 사실의 세계를 정리하는
'사고의 완성'이 바로 글을 쓰는 일이라고 단언한다.

얼추 6년 남짓 방치해뒀던 블로그에 다시 글을 쓰기 시작했다.
올해 2월 중순부터 1일 1포스팅을 이어가는 중이다.
그 글을 애정하며 기다리는 독자들이 생겼다.
책을 내보라며 여러 사람이 권면해 왔다.
글쓰기 책 또는 여타의 자기계발서는 더 이상 내지 않을 생각이었다.
나 아니어도 이 분야의 집필자는 차고 넘칠 뿐만 아니라,
바야흐로 글쓰기와 자기계발서의 홍수시대를 살아가고 있기 때문이다.

한데 평소 나의 일에 지지를 아끼지 않는 한 분의 핀잔이 뇌리에 스몄다.
"책 쓰기 전도사가 자기 책 내는 데는 소극적인 게 말이 돼?"

때마침 경제경영서 출간에 일가를 이룬 출판쟁이
벗나래의 김진성(호이테북스) 대표께서 글 몇 편을 보내 달란다.
사흘 뒤 출판하자고 연락이 왔다.
길은 길로 이어져 있음이 새삼 감사하다.

글을 쓴다는 것은 죽을 때까지 '삶을 연인으로 두는' 일과 같다.
여명이 밝아오는 새벽까지 홀로 글을 써본 사람은 안다.
자기만의 시간 속을 거닐며 느끼는 황홀함과
카타르시스에 가까운 기분을.

이제 막 글의 앞섶을 풀어헤치기 시작했거나
글의 옷깃을 여미는 중인 예비 저자들과 이 고임을 나누고 싶다.

2022년 초가을에
책쓰기교실 운영자 **봉 은 희**

| 목차 |

추천의 글 … 5
여는 글 … 9

1 글쓰기라는 슬로우 푸드를 즐기는 법

잘 쓰자니 어렵고, 안 쓰자니 괴로운 글쓰기 … 21

'일필휘지'로 단번에 써낸 글은 없다 … 23

글쓰기 능력은 글쓰기를 통해 키워진다 … 26

정석 글쓰기를 희망한다면 루틴 베껴 쓰기를! … 28

글쓰기는 먼지처럼 떠다니던 생각에 논리를 부여한다 … 30

논리력, 어휘력을 키워주는 읽기 … 31

글쓰기의 기초 체력 기르는 법 … 33

책은 최고의 명함이다 … 34

삶을 진중하게 다루는 마인드가 먼저다 … 36

2 마음속 불 조절하기

독자를 한 방에 쓰러뜨리는 법 ··· 41

경험과 커리어 그 이상의 무게 ··· 41

경험은 힘이 세다 ··· 42

달인이 될 것인가? 전문가가 될 것인가? ··· 42

아파본 사람은 다른 이의 상처를 금세 안다 ··· 43

지나온 삶을 쓰다 보니, 내 인생이 소중해졌다 ··· 44

글쓰기는 힘들지만 괴롭지는 않다 ··· 44

고뇌를 쓸까? 인생을 담아낼까? ··· 45

관찰, 앎, 글쓰기는 하나다 ··· 45

지구 끝에 닿는 길은 자기 안으로 들어가는 글쓰기다 ··· 46

제대로 표현하려면 거리를 둬야 한다 ··· 46

저명한 언론인에게 배우는, 쉽게 읽히는 글쓰기 3원칙 ··· 47

글쓰기는 몰입 명상의 최고봉 ··· 48

균형감을 유지한다는 것 ··· 48

글쓰기와 영성의 담금질 ··· 49

탄탄한 글을 짓는 데 요구되는 다섯 가지 요소 ··· 49

자전 에세이를 쓰려는 당신에게 주는 백만 불짜리 팁 ··· 50

뼛속까지 내려가서 써라 ··· 50

삶의 응어리를 풀어내면 환한 세상과 만난다 ··· 51

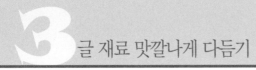

3 글 재료 맛깔나게 다듬기

글이 안 풀려서 고민인 당신에게 … 55

글 쓸 때 반드시 짚어야 할 세 가지 … 57

당신의 관점에 풍덩 빠뜨리는 이야기 글의 힘 … 59

소재 선정만 잘 해도 글의 절반은 성공이다 … 61

SNS 비즈니스를 극대화하는 4단 논법 글쓰기 … 62

블로거들의 고민을 덜어주는 글쓰기 활용 팁 … 64

작가 스티븐 킹의 '김빠지는' 한마디 … 68

'책' 쓴다 생각하지 말고, 그냥 '글'을 쓰자 … 70

출판사 편집자의 러브콜을 받는 방법 … 71

공감, 구독률 2배로 높여주는 블로그 글 배치 팁 … 73

평범한 사람이 전문가 되는 최고의 방법 … 76

이야기 요리사 봉 작가를 만나면 … 77

4 매력적인 글쓰기 플레이팅

낯설게 보고, 낯설게 쓴다 … 83

대상의 본질에 집중하는 글쓰기 … 84

표현을 너무 과장하고 있지는 않는가? … 87

형용사, 부사를 줄여야 품위 있는 글이 된다 … 88

수식어를 절제할 때 문장이 비상(飛上)한다 … 92

매끈한 글보다 진정성이 먼저다 … 93

매력적이고 섹시한 제목을 붙인다 … 95

키워드를 활용하면 글쓰기가 쉬워진다 … 97

고민되는 글의 첫 문장과 끝 문장 처리 … 98

단번에 마음을 사로잡는 내러티브 글쓰기 … 99

머리글과 지은이 소개 글 … 101

글쓰기에서의 적정한 거리두기 … 103

감동은 서술보다 생생한 묘사에서 나온다 … 105

독자 위에 군림하는 문장은 누구도 좋아하지 않는다 … 107

시제를 일치시키자 … 108

글의 설계, 왜 중요한가 … 110

논리적 사고가 좋은 글을 만든다 … 112

음식이든 글이든 간이 배야 맛있다 … 113

글맛 더하기 & 첨가물 빼기

쉽고 담백한 글이 최상의 문장이다 … 117

중언부언이 되지 않게 하려면 … 118

퇴고 작업에 정해진 매뉴얼은 없다 … 119

글맛을 더해주는 퇴고의 세 가지 원칙 … 121

집필 의도에 맞게 썼는지 스스로 검열관이 되어야 한다 … 123

글쓰기는 재고(再考)의 과학이다 … 125

독자의 오감을 자극하는 묘사적 글쓰기 … 126

문장의 군더더기를 없애는 다이어트 전략 … 127

간밤에 쓴 글은 다시 보아야 한다 … 129

완성도 높은 글, 고쳐 쓰기가 답이다 … 130

6 당신의 삶을 요리할 때

누구에게나 책 한 권 분량의 이야기는 있다 ⋯ 135

경험, 묵히지 말고 책으로 써보자 ⋯ 136

치유와 용서의 에너지가 팍팍 솟는 자기 서사 쓰기 ⋯ 138

나직한 목소리가 들려주는 삶의 감동 ⋯ 139

세상은 당신의 이야기를 기다린다 ⋯ 141

스토리텔링을 넘어 '내러티브' 글쓰기로 ⋯ 143

온전한 자기수용을 몸으로 익히는 서사 쓰기 ⋯ 146

콤플렉스는 내 글의 제재이자 힘 ⋯ 148

나의 강박증 극복에 관한 보고서 ⋯ 150

당신의 브랜드 가치를 높여주는 책 쓰기 ⋯ 153

미련하고 우직하게 글과 씨름하라 ⋯ 155

자서전 쓰기에 담긴 의미와 인생의 재발견 ⋯ 156

자서전 쓰기가 주는 유익 ⋯ 158

노년 설계와 자서전, 그 첫 페이지 시작법 ⋯ 160

나오는 글 ⋯ 164

1

글쓰기라는 슬로우 푸드를 즐기는 법

잘 쓰자니 어렵고, 안 쓰자니 괴로운 글쓰기
'일필휘지'로 단번에 써낸 글은 없다
글쓰기 능력은 글쓰기를 통해 키워진다
정석 글쓰기를 희망한다면 루틴 베껴 쓰기를!
글쓰기는 먼지처럼 떠다니던 생각에 논리를 부여한다
논리력, 어휘력을 키워주는 읽기
글쓰기의 기초 체력 기르는 법
책은 최고의 명함이다
삶을 진중하게 다루는 마인드가 먼저다

'스토리 셰프' 봉 작가의 맛있는 글쓰기 레시피

잘 쓰자니 어렵고,
안 쓰자니 괴로운 글쓰기

인류 역사 이래 변하지 않는 인식이 있다.
바로 글쓰기의 중요성이다.
개인의 메시지를 담은 명상록, 철학, 역사서 등
모든 고전이 글에서 출발한다.

하여 문학가나 저널리스트만
글쓰기 능력이 필요한 것이 아니다.
일반인 모두에게 글쓰기 능력이 요구된다.

일상적인 사업 보고서나 제안서, 프레젠테이션 등
현대인에게 문서 작성 능력은 이제 필수조건이 되었다.

더욱이 블로그, 인스타그램 등 개인 SNS 채널을 통해
자기가 하는 일을 알리고 상대에게 친근하게 다가가고자 하는
대중의 욕구가 보편화되면서 글쓰기의 중요성은 정점을 찍고 있다.

그러므로 어떤 일에 종사하든,
글쓰기 역량만큼은 반드시 키우고 볼 일이다.

글을 잘 쓰는 것은 작가나 인문학 전공자에게나 해당할 뿐,
일반 사람에게는 별로 상관없다고 생각하는 이들이 있다.
어떤 사람은 '요즘 같은 디지털 시대에 수고스럽게 글을 쓰고
기록할 일이 뭐 있겠냐?'고 반문하기도 한다.

하지만 그들도 알고 있을 것이다.
언뜻 보아 글(文)과 거리가 있을 것 같은 비전공자가
글을 잘 쓰거나 책을 펴냄으로써,
한결 돋보이고 시너지 효과 또한 크게 거두고 있다는 사실을.
《생명이 있는 것은 다 아름답다》의 저자인 생물학자 최재천 교수,
《당신이 옳다》의 저자인 정신과 의사 정혜신 등이
그 주인공이라 할 수 있다.

이들은 본업 외에 TV 출연이나 외부 강연 등으로
대중과 소통하면서 시대의 영향력 있는 오피니언 리더가 되었다.
그 바탕에는 기고와 저서 출간을 통해 자신의 전공 분야를
드러내는 '글쓰기'가 있었다.

그런데 제대로 쓴 글과 잘 쓴 글은 다르다.
제대로 쓴 글이란 독자에게 일목요연하게
자기 의견을 전달하는 것을 말한다.

글이 전달력을 가지려면 분명한 쓸거리,
즉 명료한 소재가 있어야 한다.
쓸거리를 외면한 채 전달 목적의 '쓰기'에만 매달려서는 안 된다.
전달하고 싶은 내용을 독자가 쉽게 이해하여
반응하게 하는 것이 전달력의 핵심이다.
무엇을 말하는지, 왜 말하는지를 독자가 분명히 알게 해야 한다.

쓸거리 없이 쓴 글은 독자에게 분명한 메시지를 전달할 수 없다.
정확하고도 쉬운 구조로 명쾌하게
핵심을 담는 것이 글쓰기의 시작이다.

전문가든 비전문가든 글쓰기에서
우리는 완생(完生)이 아닌 미생(未生)이다.
글쓰기 훈련을 계속해야 하는 이유이다.

'일필휘지'로 단번에 써낸 글은 없다

일부 사람들의 섣부른 오해가 하나 있다.
글을 쓰는 사람들은 책상 앞에 앉기만 하면,
'일필휘지'로 써 내려갈 거라는 것이다.

글쓰기에 대한 이런 판타지는 매우 큰 오해다.
끊임없는 구상이나 사유 과정 없이
단번에 써 내려가는 글쓰기란 없다.

마치 기계를 작동하기 전 예열 단계를 거치는 것처럼,
책상 앞에 앉기 훨씬 전부터
그는 머릿속으로 글의 뼈대를 세우고
글감을 챙기는 치열한 시간을 보낸다.

그럼에도 불구하고 막상 책상 앞에 앉으면,
여러 개의 문장이 머릿속에서 맴돈다.
글로는 잘 풀리지 않아 우두커니 앉아서
첫 문장을 썼다가 지웠다가,
한 문단을 썼다가 지웠다가를 반복하며 숱한 밤을 새운다.

특정 주제를 제대로 이해하고 싶거나
분명하게 개진하고자 하는 자기주장이 있다면,
그것을 체계적으로 작성한 문서를
관계하는 대상에게 내놓을 수 있어야 한다.
말로 전달하는 것에는 한계가 있으며,
설득력 또한 떨어진다.
이것이 말과 다른 글의 특징이며,

장고한 세월 동안 인류 문화의 꽃으로 자리매김한 글의 힘이다.

글쓰기 요령은 의외로 간단하다.
문학이 아닌 실용문의 경우,
강조하고 싶은 메시지를 서두에서 단도직입적으로 쓴다.
그리고 중간 부분에서는 공부하면서 습득한
다양한 이론과 근거를 들어 이야기를 풀어간다.
끝부분에서는 본문에서 펼친 내용을 요약하고,
자신의 철학과 식견을 더하여 간결하게 글을 완성한다.

말하기와 마찬가지로 글쓰기도 논리 전개가 핵심이며 기본이다.
글의 품격은 이 기본을 실행한 후에 따져도 된다.
독자가 좀 더 이해하기 쉽고, 흥미롭게 읽을 수 있도록
다듬고 고치는 퇴고 단계는 그다음에 해도 늦지 않다.

글쓰기는 결국 '생각'의 근육을 키우는 사유 과정과 연결돼 있다.
글을 쓴다는 것은 지금까지 자신이 경험하거나 습득하고 통찰한
이론적 지식과 사실의 세계를 자기 관점으로 정리하는
'사고의 완성'이자 '공부의 완결' 과정이다.

글쓰기 능력은 글쓰기로 키워진다

글은 많은 것을 담아낸다.
글을 읽다 보면 글쓴이의 지식과 생각, 논리와 경험이 저절로 드러난다.
심지어 우리는 글을 통해 글쓴이의 성향과 인품까지도 엿볼 수 있다.
한마디로 글은 그 사람 자체라 할 수 있다.
물론 글과 글쓴이의 인품이 반드시 비례하지는 않는다.
글이 훌륭하다고 해서 글쓴이도 훌륭할 거라고 예단하는 것은 옳지 않다.

세종조의 집현전 학자 권채에 대한 일화가 있다.
당대의 문장가로 알려진 그가 집안의 노비를 겁탈했다.
질투에 눈이 먼 그의 아내는 노비를 광에 가둬서 굶겨 죽였다.
이를 두고 조정에서 격론이 벌어졌다.
결국 그의 행실이 문장과는 맞지 않다 하여
사료에서 그의 업적을 지웠다.

세간에 자신의 이름을 알리려는 이들이
개인의 소신과 이력을 담은 책을 출사표로 삼는 까닭은
자신의 이력과 인품을 알리려는 데 있다.

거듭 강조하는 것은 생활 속 글쓰기가 삶을 간결하게,
힘 있게 만들어주는 계기가 될 수 있다는 점이다.

문제는 평소 실천하기 어려웠던 글쓰기를
어떻게 생활의 한 부분으로 끌어오느냐이다.

정교한 글쓰기 능력이 오랜 시간 강의를 듣거나
학위를 받아야 갖춰지는 것이라면, 쉽게 엄두를 내기 어려울 것이다.

글쓰기는 어느 정도 재능을 요구하지만, 그보다는
어떤 자세로 글쓰기에 임하는지 마음가짐과 태도가 더 중요하다.
자신을 둘러싼 세상을 세밀하고도 촘촘한 시각으로 바라보기,
사람과 사회에 대한 지속적인 관심,
마지막으로 꾸준한 습작,
이것이면 충분하다.

예술과 스포츠 분야의 세계적인 인물들이 가지는 공통점은
타고난 재능 위에 남다른 노력을 더했다는 점이다.
글쓰기도 다르지 않다.
재능에 다소 차이는 있겠으나,
꾸준히 노력하면 누구나 글다운 글을 쓸 수 있다.
논리정연하면서도 쉽게 읽히는, 소위 좋은 글은
꾸준한 연습의 산물이다.

정석 글쓰기를 희망한다면
루틴 베껴 쓰기를!

운동선수뿐 아니라 각 분야에서 인정받는
작가, 크리에이터들의 삶을 들여다보면,
매일 꾸준히 실천하는 그들만의 생활 패턴이 있다.
일상에서 습관처럼 반복하는 이런 동작을 루틴(Routine)이라 한다.

김연아 선수가 현역에 있을 때, 한 다큐멘터리 제작진이 물었다.
"지금 무슨 생각하면서 스트레칭해요?"
"아무 생각 안 해요. 그냥 하는 거죠."

매일 꾸준한 시간을 투자하는 루틴 글쓰기의 힘!

루틴이라는 주제를 다룰 때 단골로 등장하는 인물이 몇 명 있다.
《칼의 노래》, 《자전거 여행》의 저자 김훈 선생.
선생은 지우개와 연필을 사용하여 매일 5장의 원고를 쓴다고 한다.

일본 작가 무라카미 하루키는
매일 새벽에 일어나 오전 6시간을 글쓰기에 바친다.
그 일을 마치고 나면 1~2시간 달리기를 한다.
오후엔 휴식을 취하며 책을 읽거나 음악을 듣는다.

저녁 9시에는 취침을 한다.
다음 날도 같은 시간에 글을 쓰고, 달리고, 휴식을 취한다.
필명을 드날린 작가도 이 같은 훈련을 수십 년 동안 반복해왔다.

지루하기 짝이 없어 보이는 이러한 루틴을
그들은 왜 만들고 지켜나가는 것일까.
바로 삶의 에너지를 끌어올리는 원동력이 되기 때문이다.

루틴은 각 분야의 기초 훈련이 되고
오랜 시간 동안 다져온 근육이 소실되지 않게 받쳐준다.
오랜 기간 정상의 자리를 지켜온 그들의 공통점은
매일 반복하는 루틴에 있다.

짧은 시간에 '바른 글쓰기'로 인도하는 필사의 힘!

기본에 충실한, 바른 글쓰기 실력을 갖추고 싶어 하는 분들에게
항상 권하는 방법이 있다.
매체에 발표된 칼럼이나 좋아하는 작가의 글을 한 편 골라
매일 베껴 쓰는 것이다.
막무가내로 베껴 쓰기보다는,
글의 전체 내용과 맥락을 찬찬히 살핀 다음 쓰기를 권한다.

글쓰기란 내가 표현하고자 하는 것을 문자로 풀어내는 작업이다.
표현력에 해당하는 문장 능력만으로는 바른 글쓰기가 되지 않는다.
문단 정리가 중요하고,
한 문장 안에서 주어와 서술어가 일치해야 한다.
이 외에 맞춤법과 띄어쓰기, 정확한 어휘 선택, 논리적 전개 등의
글쓰기 기술이 동시에 요구된다.
소재의 선택, 전개 방식에 대해서도 고민하지 않을 수 없다.

필사를 꾸준히 하다 보면 이와 같은 훈련이
점진적으로 이루어지는 것을 알게 된다.

글쓰기는 먼지처럼 떠다니던 생각에 논리를 부여한다

글쓰기는 단지 글을 쓰는 행위가 아니다.
자기 성찰, 타인에 대한 연민과 공감 능력을 깨우는
치유의 한 방편임을 깨닫는다.

형체 없이 떠다니던 생각에 논리성을 부여한다.
분노의 감정을 다독여주고,
마음속의 욕망을 알아차리게 하며,

일상의 풍경들을 애정 어린 시선으로 들여다보게 한다.

무엇보다 진솔함과 따뜻함이 담긴 평범한 사람의 생애가
오늘 헤어날 수 없는 처지에 놓인 누군가에게
따뜻한 징검다리가 되어줄 수도 있다.
우연처럼, 필연처럼.

논리력, 어휘력을 키워주는 읽기

글쓰기는 생각을 글로 옮기는 것이다.
평소 사유의 근육도 키워야 하고,
논리적으로 생각하는 습관도 길러야 한다.

특히 논리적 사고 훈련은 글을 쓰는 데 매우 유용하다.
신문은 논리적 글쓰기 훈련에 직접적인 도움을 준다.
논설위원이나 전문가가 쓰는 논단,
칼럼니스트가 쓰는 칼럼 등은
논리력을 요구하는 기승전결의 구조를 갖추고 있다.

말하기와 글쓰기는 소통의 도구이며 맥락 또한 같다.
따라서 말을 유창하게 잘 하거나 언어생활에 걸림이 없는 사람은 글을 잘 쓸 수 있는 능력을 이미 갖추고 있다고 봐도 무방하다.

그런데 막상 펜을 잡으면 말하는 것과 달리,
글이 잘 전개되지 않는 이유는 무엇 때문일까?
그것은 어휘, 지식, 논리, 경험, 독서 등 기초가 부실한 탓이다.
양질의 독서로 어휘와 구성 능력을 키우고,
글 쓰는 요령을 꾸준히 익혀야 한다.

글쓰기의 밑천이라면 단연 독서를 꼽을 수 있다.
읽기는 쓰기의 출발이다.
책을 읽으면 지식도 쌓이지만, 어휘도 늘어난다.
특히 정교한 어휘와 미려한 문장은
대부분 인문고전 속에 숨어 있다고 해도 과언이 아니다.
꾸준히 책을 읽다 보면 글쓰기가 저절로 습득된다.

책을 읽은 후에는 본문 내용을 정리하거나
독서를 통해 느낀 점, 새롭게 통찰한 부분들을
써보는 노력이 필요하다.

단순한 메모 형식의 기록도 쌓이면 역사가 되고,
삶을 반추할 수 있는 단초가 된다.

글쓰기의 기초 체력 기르는 법

연습은 일정한 기술을 요구하는,
모든 분야에 똑같이 적용되는 비결이다.

글쓰기도 다르지 않다.
독서, 어휘, 생각, 지식, 논리 등은
글을 쓸 때 요긴한 재료이다.

그러나 이런 기초들을 두루 갖췄다 해도
글을 지속적으로 써야 실력이 늘어난다.

글쓰기 관련 책을 여러 권 습독하고
소문난 글쓰기 강좌를 아무리 쫓아다녀도,
부단한 습작 과정이 없으면
첫 문장조차 쓰기 어려울 것이다.

'무엇을 쓸까', '어떻게 쓸까',
'연역적으로 쓸까, 귀납적으로 쓸까'를
머리로만 고민하지 말고,
가장 접근하기 쉬운 소재를 골라
자유롭게 써보는 것이 중요하다.

자신의 가치관을 서술해도 좋고,
그동안 관찰하고 인식한 내용을 적어보는 것도 좋다.
편지 쓰기, 중요한 사건이나 추억,
잊지 못할 사람 등 무엇이라도 좋다.
아니면 그날그날의 일상이나 자신과의 대화를
꾸준히 기록하는 것도 훌륭한 습작 요령이다.

썼다 지우고 다시 채우는 첨삭 훈련을 반복할 때,
글쓰기의 키가 쑥쑥 자란다.

책은 최고의 명함이다

대다수의 사람들은 자신보다 다른 사람을 향해
눈과 귀를 더 크게 열어두고 살아간다.
글쓰기는 그 관심을 자신에게 돌려보는
생의 중요한 터닝 포인트가 된다.

자신의 브랜드 가치를 높이고
한 분야에서 전문성을 인정받는 가장 확실한 방법으로
독자적인 저서를 갖는 것만큼 유용한 수단은 없다.

최근 서점가의 눈에 띄는 현상 중 하나는
직장인들을 비롯한 평범한 사람들의 책 출간이
출판의 한 축을 이루고 있다는 점이다.

이 저자들은 보통 한 분야에서 10년 넘게 종사했거나
자기 일에 대한 전문성과 자신만의 노하우를 공개하여
자기계발에 관심 있는 독자들의 마음을 사로잡는다.

일정 분야에서 성취한 현장 경험은
원론적인 지식보다는 당장 활용할 수 있는 실질적인 내용을
담아내는 데 특화된 글쓰기 소재라 할 수 있다.

이왕 쓸 거라면 무턱대고 쓰기보다는
자신이 관계하는 대상에게는 정보와 유익함을 주고,
자신에게는 전문성을 강화해줄 수 있는 내용으로
접근하는 것이 좋다.

세계가 광속의 네트워크를 이루고 있는 오늘날엔
자신의 역량을 상품화하기 위해
굳이 여기저기 시장에 나갈 필요가 없다.
자신의 능력, 자신이 개발한 상품을 알아보고
사람들이 나를 찾아오게 만들면 된다.

평범함 속에 묻힌 내 이야기가
세상 사람들이 그토록 듣고 싶어 하고
간절히 찾던 것임을 상기할 필요가 있다.
아무리 작은 별일지라도
가장 빛나는 한 순간은 있게 마련이다.

나만의 이야기를 고르고 쓰기를 실행하면,
잠자고 있던 당신의 능력이 당신을 도울 것이다.

삶을 진중하게 다루는 마인드가 먼저다

개인 서사는 누군가의 삶을 녹여 한 권의 책에
차곡차곡 담아내는 생의 기록이다.
그러므로 서사 쓰기에서는 글보다 '삶'을 중요시한다.

글을 쓰거나 다듬는 법이야 책도 많고 학원도 있다.
글쓰기 기술만을 전문으로 가르치는 강사도 적지 않다.

하지만 글이 아닌 삶을 쓸 때는
'빨리', '잘' 쓰는 게 최선은 아니다.

글은 치장을 하고 눈속임도 할 수 있지만,
삶은 그렇지 않다.

글은 쉽게 지우개로 지울 수 있지만,
삶은 고스란히 남아 있다.

따라서 '한 사람의 삶을 다루는' 작가가 되려면,
이런 마인드로 무장해야 할 것이다.

마음속 불 조절하기

독자를 한 방에 쓰러뜨리는 법
경험과 커리어 그 이상의 무게
경험은 힘이 세다
달인이 될 것인가? 전문가가 될 것인가?
아파본 사람은 다른 이의 상처를 금세 안다
지나온 삶을 쓰다 보니, 내 인생이 소중해졌다
글쓰기는 힘들지만 괴롭지는 않다
고뇌를 쓸까? 인생을 담아낼까?
관찰, 앎, 글쓰기는 하나다
지구 끝에 닿는 길은 자기 안으로 들어가는 글쓰기다
제대로 표현하려면 거리를 둬야 한다
저명한 언론인에게 배우는, 쉽게 읽히는 글쓰기 3원칙
글쓰기는 몰입 명상의 최고봉
균형감을 유지한다는 것
글쓰기와 영성의 담금질
탄탄한 글을 짓는 데 요구되는 다섯 가지 요소
자전 에세이를 쓰려는 당신에게 주는 백만 불짜리 팁
뼛속까지 내려가서 써라
삶의 응어리를 풀어내면 환한 세상과 만난다

'스토리 셰프' 봉 작가의 **맛있는 글쓰기** 레시피

독자를 한 방에 쓰러뜨리는 법

자기 자랑을 배제하고
실패한 경험, 평범한 날의 사유를 조곤조곤 풀어낸다.

경험과 커리어 그 이상의 무게

글은 독자에게 자기 마음속에 품어온
메시지를 전하는 일종의 연애편지와 같다.

그 편지를 받은 독자에게 공감과 신뢰를 얻기 위해서는
자기가 쓴 텍스트에 책임을 질 수 있어야 한다.

단순히 색다른 경험이나 경력을 쌓는 수단으로만
가볍게 보아서는 안 되는 것이
바로 자기 이름을 걸고 쓰는 글이다.

경험은 힘이 세다

좋은 글을 쓰려면 집 밖으로 나가야 한다.
멀리 나갈수록 진한 경험을 축적할 수 있다.

유능한 인사 담당자는 사람을 채용할 때
이력서보다 삶의 흔적(자기소개글)을 먼저 살핀다.

달인이 될 것인가?
전문가가 될 것인가?

무슨 일이든 한 가지 일을 반복하다 보면 능수능란해진다.
그 기능에 숙달되거나 통달한 사람을 흔히 '달인'이라 한다.

하지만 전문가가 되려면 한 가지가 더 필요하다.
원리와 개념 등을 논리정연하게 풀어낼 수 있는
이론이 뒷받침돼야 한다.

사람들이 자기 분야를 글로 풀어내거나 책으로 펴내는 데
적잖은 시간과 노력을 투자하는 이유가 무엇이겠는가?
전문가로 인정받는 첩경이기 때문이다.

아파본 사람은
다른 이의 상처를 금세 안다

아파본 사람은 안다.
다른 사람이 아픈 것을.

실연을 당해본 사람은 안다.
실연이 얼마나 쓰라린 것인지를.

끔찍한 상처를 겪은 사람일수록 타인의 상처를 금세 알아챈다.
아파봤기에, 타인의 흉터를 알아보는 눈이 생긴 것이다.

상처를 딛고 일어선 사람의 글은
같은 상흔을 가진 독자가 먼저 알아본다.
하여, 그 글을 통해 상처를 치유하고
통찰을 얻는 것이다.

녹록치 않은 인생을 살아온 사람이
글을 써야만 하는 이유이다.

지나온 삶을 쓰다 보니,
내 인생이 소중해졌다

지나온 내 삶의 모든 것을 기억하려고 애쓰다 보니,
지금의 내 인생이 더 소중해졌다.
- 에단 호크 -

우리가 왜 글을 쓰고, 어떻게 써야 하는지를
가장 명쾌하게 설명해주는 말이 아닌가 싶다.

지금의 나를 만들어온 지난 시간을 다시 떠올려보고
현재의 나를 더 소중히 여기게 되는 것,
바로 글쓰기다.

글쓰기는 힘들지만
괴롭지는 않다

글쓰기는 힘들긴 하지만 괴롭지는 않다.
괴로움은 자기표현이 안 될 때 느끼는 감정이다.

고뇌를 쓸까?
인생을 담아낼까?

시(詩)는 젊어서 쓰고, 산문(散文)은 나이 들어서 쓴다.
시는 고뇌를 담고, 산문은 인생을 담기 때문이다.

관찰, 앎,
글쓰기는 하나다

한 알의 모래에서 세상을 보고
한 송이 들꽃에서 천국을 본다.
– 윌리엄 브레이크 –

자세히 보아야 예쁘다.
오래 보아야 사랑스럽다.
너도 그렇다.
– 나태주의 '풀꽃' –

보려는 대상은 천천히 오래 보아야 안다.
이 앎은 글쓰기로 이어진다.

지구 끝에 닿는 길은
자기 안으로 들어가는 글쓰기다

세계의 끝으로 나아가는 길은
자신의 안으로 들어가는 '글쓰기'다.
– 작가 김연수 –

책상에 앉아 지나온 삶을 반추하며
글쓰기와 씨름하는 일은
드넓은 세계와 맞닿아 있다.

제대로 표현하려면
거리를 둬야 한다

아주 오래전 누드화로 유명한 중견 화가에게 들은 얘기다.
"누드화를 잘 그리려면 모델과 일정한 거리를 두어야 해.
너무 가까이에서 그리면 대상의 특성을 제대로 잡을 수 없거든."
좋은 작품을 위해서는 객관적인 거리가 필요하단다.

화가와 모델 사이만 그럴까.
친한 사이일수록 적정한 거리두기가 필요하다.

경계 없이 붙어 지내면 반드시 탈이 난다.
뒤통수를 맞거나, 남녀일 경우 치정(癡情)으로 번지거나.

제대로 알려면 한 발 떨어져 있어야 한다.
제대로 쓰려면 내 생각을 객관화할 수 있어야 한다.

저명한 언론인에게 배우는,
쉽게 읽히는 글쓰기 3원칙

쉽게 읽히면서도 핵심을 전달하는 글을 쓰려면?

- 짧게 써라. 그러면 읽힐 것이다.
- 명료하게 써라. 그러면 이해될 것이다.
- 그림같이 써라. 그러면 기억 속에 머물 것이다.

– 조지 퓰리처(미국 언론인) –

글쓰기는 몰입 명상의 최고봉

흩어진 생각과 관심을 한 군데로 응축하여
선택한 것에 집중하도록 하는 몰입 명상의 최고봉,
바로 글쓰기다.

균형감을 유지한다는 것

글쓰기에서 가장 중요한 것은 균형감이다.
이성이나 감성 어느 한쪽에 치우쳐서는
독자의 신뢰와 공감을 얻기 어렵다.

균형감은
왼쪽과 오른쪽, 앞과 뒤, 위와 아래, 시간과 공간,
과거와 미래 등을 함께 바라볼 때 얻어진다.

이성과 감성의 양 날개가 균형을 이룰 때
비로소 안전한 비행은 시작된다.

글쓰기와 영성의 담금질

설명할 수는 없어도 신들린 듯이 쓴 글에는 영성의 빛이 있다.

사방의 지식을 가지고 쓴 글은

아무리 절묘하게 썼어도 감동을 주지 않는다.

글 쓰는 데도 운이 있고, 영성의 담금질이 있는 것이다.

– 故 이어령 장관 –

탄탄한 글을 짓는 데 요구되는
다섯 가지 요소

- 현상과 세계를 깊이 있게 분석해낼 수 있는 지적 능력
- 생각과 사고를 문자로 표현할 수 있는 문장력
- 위의 지식을 구조화하여 적절히 풀어낼 수 있는 구성 능력
- 독자의 가슴에 잔잔한 감동(여운)을 줄 수 있는 감성 능력
- 가독성과 감칠맛을 더해주는 풍부한 어휘력

자전 에세이를 쓰려는 당신에게 주는
백만 불짜리 팁

자전 에세이를 쓰려고 하는가?
그렇다면 이렇게 하라.

자기 자랑(잘난 척)은 배제하고,
실패했거나 모자란 부분을 밝힌다.
다른 이들이 같은 실수를 하지 않게.

대부분의 독자는 우월한 사람의 성공담보다
넘어진 자의 경험담에 더 몰입한다.
배움과 감동 또한 크다.

뼛속까지 내려가서 써라

책을 쓴다는 것은
삶의 경험을 삭혀서 퇴비로 만드는 것이다.
뼛속까지 내려가서 써라.
– 나탈리 골드버그 –

삶의 응어리를 풀어내면
환한 세상과 만난다

모두가 글을 잘 쓸 수는 없지만,
누구나 자신의 이야기는 할 수 있다.

지난 세월 자신의 가슴속을 억눌렀던
삶의 응어리를 풀어낼 때
우리는 비로소 환한 세상과 만난다.

글로 풀어낸 삶의 응어리를 보며
새로운 삶을 가꿔갈 힘을 얻는다.

글 재료 맛깔나게 다듬기

글이 안 풀려서 고민인 당신에게
글 쓸 때 반드시 짚어야 할 세 가지
당신의 관점에 풍덩 빠뜨리는 이야기 글의 힘
소재 선정만 잘 해도 글의 절반은 성공이다
SNS 비즈니스를 극대화하는 4단 논법 글쓰기
블로거들의 고민을 덜어주는 글쓰기 활용 팁
작가 스티븐 킹의 '김빠지는' 한마디
'책' 쓴다 생각하지 말고, 그냥 '글'을 쓰자
출판사 편집자의 러브콜을 받는 방법
공감, 구독률 2배로 높여주는 블로그 글 배치 팁
평범한 사람이 전문가 되는 최고의 방법
이야기 요리사 봉 작가를 만나면

'스토리 셰프' 봉 작가의 맛있는 글쓰기 레시피

글이 안 풀려서 고민인 당신에게

서두를 잘 풀어야 한다

글쟁이들이 왕왕 하는 말이 있다.
"서두 다섯 줄만 쓰면 반은 완성된 것이나 다름없다."
그만큼 서두를 쓰기가 어렵다는 뜻이다.

서두를 잘못 잡으면 애초의 의도와는 달리
엉뚱한 방향으로 빠지기 쉽다.
이를 방지하기 위한 방법이 있다.
본문부터 쓰고 난 다음,
거기에 맞는 서두를 가져오는 것이다.

글을 마치는 대목에서는
본문을 요약하되 은유나 상징을 동원하여
여운이 있는 문장으로 끝맺는 것이 좋다.

글을 어떤 식으로 풀어갈지도 고민해야 한다.
연역적으로 쓸지, 귀납적으로 전개할지에 따라
글을 쓰는 요령이 달라진다.

한 편의 개인 서사(자전 에세이)를 쓸 때도 마찬가지다.
모든 사항이나 사건은
클라이맥스에 도달하기 위한 과정이라 할 수 있다.

상황이나 사건의 배열은 점층적으로 하되,
주제가 가장 잘 드러나는 클라이맥스는
글의 후반부에 두는 게 더 효과적이다.
클라이맥스를 앞에 놓으면 나머지 부분을 읽을 때
맥이 빠질 수 있기 때문이다.

고민되는 글의 첫 문장과 끝 문장

글은 첫머리가 중요하다.
첫 문장이 늘어지면 독자들은 흥미를 잃는다.

도입부에 해당하는 첫 문단, 첫 문장에
공을 들이는 까닭도 여기에 있다.

짧은 수필이나 자서전 등을 쓸 때는 특히 그러하다
되도록 초점은 분명하게, 문장은 간결하게,
독자들의 시선을 사로잡을 수 있어야 한다.

마지막 문장 또한 마찬가지다.
글쓴이가 표현하고자 했던 주제를 간결하게 보여주면서
여운이 남는 문장으로 맺어야 한다.

글 쓸 때 반드시 짚어야 할 세 가지

나는 북코칭 교실에서
글을 쓰고 책을 펴내는 '기술'을 갈고닦는 일 외에,
다음 두 가지를 좀 더 진지하게 짚곤 한다.

첫째는 글쓰기가 갖는 의미와 본질에 관한 것이다.
글을 쓰는 일은 '생각의 힘'을 키우고,
'논리력'을 키우는 최고의 공부다.
또 그 사유를 통해 나와 소통하고, 세상과 소통하는 일이다.

사람은 언어를 통해 사유하고, 사유한 것에 따라 행동한다.
그에 따른 결과가 삶으로 나타난다.
따라서 글쓰기 습관은
합리적인 삶을 살아가는 데 있어서도 꼭 필요하다.

둘째. 글쓰기와 삶은 둘이 아닌 하나라는 점이다.

글은 삶에서 나온다.
글을 쓰고 책을 쓰는 사람이라면 자신에게 묻지 않을 수 없다.
'나는 글로 남길 만한 삶을 살아왔는가?'라고.

결국 글을 쓰고 책을 낸다는 것은
자신을 성찰하며 삶의 정원을 가꾸는 일이다.
그러므로 글쓰기와 삶은 하나다.

이런 까닭에 북코칭 현장에서 나는
글쓰기의 기교와 표현 방식보다는
글의 시작과 중심에 무엇이 놓여야 하는지에
늘 방점을 찍는다.

글쓰기의 시작은 쓰고자 하는 대상(제재)에 대해
무엇을 말하고 싶은지,
그것이 자신에게 주는 의미는 무엇이며,
그것을 어떻게 표현할 것인지를 고민하고 사유하는 것이다.
물론 글을 쓸 때 필요한 형식과 기술에 대해서도
적절히 할애한다.

대부분의 사람은 작가의 인자를 지니고 살아간다.
이제 막 자신의 이야기를 쓰기 시작했거나,

자기만의 콘텐츠를 책으로 엮으려는 의지가 있다면,
이타의 삶을 아우르는 덕목도 배양해야 한다.

당신의 관점에 풍덩 빠뜨리는
이야기 글의 힘

경험이 많거나 묵직한 인생을 살아온 사람들 대다수는
자신의 이야기를 쓰고 싶어 한다.

그런데 막상 무슨 이야기부터 어떻게 시작해야 할지
막막하다고 고백하는 이들을 종종 만난다.

개인의 서사야말로 가장 흥미진진한 실화 소설이다.
세상 사람들에게는 탐낼 만한 이야기 재료들이
저마다 차고 넘친다.

이야기 글을 잘 쓰려면, 우선 매력적인 글감을 찾아야 한다.
즉, 무엇을 쓸 것인지를 보다 구체화할 필요가 있다.

글에는 나만의 관점, 나의 위치가 선명하게 드러나야 한다.
의식적으로 1인칭인 나의 위치를 상기할 필요가 있다.

다음은 맥락을 살리는 글의 전개가 중요하다.
단순한 일화의 나열이 이야기는 될 수 있겠으나,
자연스럽게 읽히는 글이 되게 하려면
이야기를 풀어내는 기술이 요구된다.

독자, 즉 일반 대중들은 단순한 정보 전달 글인
신문기사(역삼각형 구조)에 짐짓 식상해 있으면서도,
마치 관행이 된 것 같은 이런 보도기사가
더 객관적이라고 생각하는 경향이 있다.

그러면서 소설의 관점과 구성 방식을 차용한
내러티브 글은 주관적이라고 생각한다.

대부분의 뉴스는 제목과 첫 문장에서 중심 내용을
모두 드러냄으로써, 독자의 관심을 유도한다.

하지만 이야기 구조를 띠는 내러티브 글은 다르다.
처음부터 주제를 훤히 드러내지 않음으로써,
독자의 은근한 호기심 촉발과 함께
뒤로 갈수록 긴장감과 감칠맛이 더해간다.
마치 꽃봉오리가 한 잎 한 잎 모습을 드러내듯,
점진적으로 이야기의 실체를 드러냄으로써

사람의 마음을 사로잡는다.

누구라도 그렇게 이야기를 펼쳐낼 수 있다.
이 같은 글쓰기는 재미 요소를 추구하는
대중의 취향에 부응할 뿐만 아니라,
글을 통해 소통하고자 하는 독자의 요구에도 부응한다.

이러한 글쓰기 과정이 주는 선물이 있다.
창의적 아이디어를 발산하며 창작의 기쁨을 누릴 수가 있다는 것이다.
또 글을 이끌어가는 자신의 관점 안으로
독자를 풍덩 빠지게 할 수 있다는 점도 매력이다.

소재 선정만 잘 해도
절반은 성공이다

소재란 예술 작품을 이루는
모든 재료와 원료의 총칭이다.

글쓰기에서 소재(글감)는 표현 대상과 표현 수단을 의미하며,
주제를 세워가는 이야깃거리다.
주제를 드러내는 소재가 적으면 내용이 빈약해지고,

많으면 자칫 산만해지기 쉽다.

글을 쓸 때 소재를 지나치게 활용하는 것은 좋지 않다.
내용이 풍성하다 못해 복잡하면
정작 주제가 모호해질 수 있다.

이러한 까닭에 글을 쓸 때는 꼭 필요한 소재만을 선택해서
주제를 잘 드러내도록 해야 한다.
이를 소재 선정이라고 한다.
따라서 여러 개의 소재가 있을 때는
주제를 잘 드러낼 수 있을 만큼만 선택하고,
상대적으로 주제를 드러내기에 부족한 것은 가차 없이 버려야 한다.

SNS 비즈니스를 극대화하는
4단 논법 글쓰기

사람을 설득하거나 소신을 펼치는
글쓰기는 의외로 간단하다.
시(詩), 에세이 등과 같은 글쓰기에 비해 훨씬 쉽다.

4개의 간결한 문단으로 끝낼 수 있다.

어떻게 가능할까?

먼저, 도입부에서 자신이 말하고자 하는
이슈(문제, 주장 및 의견)를 제기한다.

다음은 왜 그렇게 주장하는지 이유를 나열한다.
합리적인 논거의 제시다.

세 번째는 고개를 갸우뚱할지도 모를 독자를 위해
합당한 사례를 보여준다.
적절한 예화나 예시를 들어
독자의 이해와 공감을 끌어내는 것이다.

마지막으로 앞의 도입부에서 꺼낸
의견이나 이슈를 다시 한 번 강조한다.
이것이 자신의 의견과 아이디어를 사람들에게
전달하고 설득하는 방식의 골자다.

이렇게 하면 어떤 내용이든 자신이 전하고자 하는 핵심을
빠르고 정확하게 전달할 수 있다.
설득하는 글쓰기와 말하기의 공식인 것이다.

- 의견(아이디어) 제기하기
- 이유 및 근거 제시하기
- 사례 보여주기
- 의견 재차 강조하기

이렇게 네 개의 골격을 잡아서 쓴 연설문이나 보고문은
직장뿐 아니라, 일상에서 뜻밖의 날개를 달아줄 것이다.
특히 SNS 비즈니스를 펼치는 사람들이 늘어가고 있고
각 개인이 콘텐츠이자 기업이 되고 있는 21세기엔
이러한 글쓰기가 더욱 강력한 무기가 될 수 있다.

자신의 아이디어와 정보를 효율적으로 전달하는 가운데
많은 잠재고객을 끌어당기는 아이디어와 영감이
여러분의 손끝을 통해 꾸준히 흘러나오기를!

블로거들의 고민을 덜어주는
글쓰기 활용 팁

사람들은 삶 속에서 항상 글의 소재들을 안고 살아간다.
가정, 일터, 자연, 또는 관계 속에서
새롭게 알게 됐거나 느낀 것 등

일상의 경험에서 다양한 글감을 끌어낼 수 있다.

글을 쓴다는 것은 자기만의 시각으로
세상을 들여다보는 안목이 있다는 것을 의미한다.
즉, 인간사나 주변 풍경, 다양한 현상들을
자기 나름대로 관찰하는 독자성이 있다는 뜻이다.

여기에 더하여 그것을 과학적으로 이해하는 인식의 틀이 필요하다.
현실을 과학적으로 이해하는 능력은
글쓰기에서 매우 중요한 요소다.
글쓰기 과학은 별 게 아니다.
현상을 바로 알고 이해하며 응용하는 것에서부터 시작된다.

독자적 시선으로 체험을 풀어내는 자유로운 글쓰기

블로그를 운영하는 동료와 이웃들로부터 자주 듣는 말이 있다.
글쓰기가 적잖이 부담스럽고 어렵다는 것이다.
맞는 말이다.
초보자가 글을 거미줄처럼 쉬이 뽑을 수는 없는 노릇이기에,
공모전 글이든 고객사로부터 비즈니스를 끌어내야 하는
목적성이 강한 글이든 부담이 되는 것은 매한가지다.

그러나 블로그나 인스타그램 등 SNS 글쓰기는
그다지 심도를 요구하거나
글쓰기 형식에 크게 구애받지 않는 장점이 있다.
일상생활에서 듣고, 보고, 느끼고, 생각한 것들을
말하는 것처럼 써도 되는 실용 글이기 때문이다.
굳이 글쓰기 장르로 가름한다면 생활문에 속한다.
일기와 비슷하나, 일기가 주로 그날의 기록이라면
생활문은 과거에서 현재까지 시간적인 구애를 받지 않는다.
독자도 이미 그러한 맥락으로 받아들일 준비가 돼 있다.

그러니 처음부터 글쓰기 '기술'을 터득하려 하기보다는,
자기가 좋아하는 장르의 글쓰기를 목적과 상황에 따라
자유롭게 시도해 볼 것을 권한다.

블로그 포스팅을 위한 글감 선택

일상에서 경험하거나 관찰한 것,
생각나는 모든 것이 글의 재료가 된다.
생활문의 글감은 참으로 풍성하다.

가까이는 육아, 살림, 음식, 취미, 특기, 패션,
길에서 본 가로수와 시장에서 만난 사람들,

우리 동네 도서관이나 공원의 풍경 등
자신이 느끼고 경험한 것들이
모두 블로그 글의 재료가 된다.

날씨와 계절, 산과 바다와 곤충과 나무 등
모든 자연도 글감이 된다.

블로그 글의 주제와 제목 정하기

블로그 글을 쓸 때는 생활 속에서 느낀 것에 대해
자신만의 생각과 느낌을 중심으로 주제와 제목을 정한다.
전하고자 하는 메시지가 잘 드러나도록.

요약하면, 블로그에서의 생활 글은 형식이 정해져 있지 않다.
매끈한 글이면 가독성에 도움이 되겠지만,
그렇지 않아도 그다지 문제가 되지 않는다.
간단하게 개요를 짠 다음 자유롭게 경험과 생각을
자기만의 스타일로 풀어내는 것으로 충분하다.

작가 스티븐 킹의 '김빠지는' 한마디

글쓰기 초보자가 무작정 글을 쓸 경우,
주제를 일관성 있게 끌고 나가는 동력을 상실해
자칫 용두사미가 되기 쉽다.

따라서 책을 쓰기 전 쓰고 싶은 글의 주제와 소재를 바탕으로
목차(Contents)를 짜놓고 시작하는 것이 좋다.
즉 무엇을 말하고 싶은지(주제),
어떤 글감으로 독자의 관심을 끌 것인지(소재),
어떻게 펼칠 것인지(구성),
누구에게 들려주고 싶은 이야기인지(독자) 등을
세세히 정리할 필요가 있다.

처음 하는 작업이라 혼자서 엄두가 나지 않을 경우,
책을 낸 적이 있거나 출판에 대해 잘 아는
사람에게 도움을 받는 것도 좋다.
책이 출간되기까지 전천후 코칭을 받을 수 있는
프로그램에 참여하는 것도 한 가지 방법이다.

마음 가는 대로 써라?

장르를 넘나드는 집필 활동으로 전 세계 독자들로부터
사랑을 받아온 미국 작가 스티븐 킹.
그는 자신의 저서 《유혹하는 글쓰기》 머리말에서
잔뜩 기대를 갖고 책을 펼쳤을 독자에게 '김빠지는' 한마디를 한다.
"글쓰기엔 비법이 없고, 글의 구성 따위는 필요하지 않다"라고.

킹의 논조는 글이란 형식이나 구성에 얽매임 없이
그저 마음 가는 대로 쓰면 된다는 것이다.
과연 그럴까?

책의 뼈대인 목차 구성이 중요하다

이 말은 스티븐 킹이기에 가능한 역설이다.
글의 본질을 외면한 채 기교에 치중하지 말라는 가르침일 뿐.
아마추어 글쓰기에서는 결코 구성을 배제할 수 없다.
특히 '책의 설계도'에 해당하는 목차는 매우 중요하다.

목차를 제대로 짜지 않은 상황에서 무작정 글을 쓰다 보면,
책의 균형이 깨지거나 주제 전달이 모호해질 수 있다.
한마디로 완성도가 떨어지기 쉽다.

누구나 처음 책을 쓰기 시작할 때는 의욕이 넘치기에,
자신이 아는 것을 최대한 쏟아내기 마련이다.
그러다 보면 글이 장황해지기 일쑤다.
그리하여 시간이 지날수록 의욕이 떨어지거나 지레 지쳐서
결말을 맺지 못하는 사람들도 있다.

그것은 책의 도면과도 같은 목차 구성이 안 되어 있기 때문이다.
책의 뼈대를 세워 글을 쓰는 게 중요한 이유다.

그럼에도 글을 오래 써온 사람들이라면,
스티븐 킹의 일성에 97%는 "그렇다"고 답할 것이다.
여기에 동의할 때까지 글쓰기의 기본을 갖춘 습작은 매우 중요하다.

'책' 쓴다 생각하지 말고,
그냥 '글'을 쓰자

첫 책을 내고 싶어 하는 예비 저자들에게
꼭 해주고 싶은 말이 있다.
처음부터 '책'을 쓰겠다고 생각하지 말고,
그냥 '글'을 쓰라는 것이다.

처음부터 책을 쓰겠다고 생각하면, 분량의 중압감에 눌려
글 쓰는 일이 부담스러워질 수 있다.
그러나 지나온 삶을 돌아보며 생각을 정리하는 마음으로
꾸준히 쓰는 일은 아마추어라도 할 수 있다.

전문적으로 글을 써온 사람이 아니라도
짧은 글을 쓰는 일은 그리 어렵지 않을 것이다.
이런 한 편 한 편의 글 수십 개가 모이면 책이 된다.

중요한 것은 규칙적으로 꾸준히 써 내려가는 습관이다.
매일 천 자씩 써도 좋고,
시간이 여의치 않을 때는 일주일에 한두 편이어도 괜찮다.
글쓰기에 집중할 수 있는 시간을 확보하는 것이다.

이렇게 자신과의 약속을 실천하다 보면
어느덧 책 한 권 분량의 글이 당신 손에 들어와 있을 것이다.

출판사 편집자의 러브콜을 받는 방법

대부분의 출판사는 기획출판을 우선시한다.
편집자가 채택한 기획안을 토대로 저자를 섭외하는데,

대체로 검증된 저자들에게 출판 제안을 하는 경우가 대부분이다.

편집자는 적절한 저자를 찾기 위해 이미 출간된 책이나 신문을 비롯해
각종 미디어에 쓴 칼럼을 검색한다.

이미 오래전부터 출판가에선 인터넷의 블로그나 카페 등에 올려진
글만을 검색하는 블룩(blook: blog+book) 팀이 생겼다.
물론 페이스북이나 트위터 같은 SNS를 활용하여
글을 올리는 사람도 많다.

어쨌든 온라인 매체를 통해
자신의 콘텐츠를 꾸준히 쌓는 것이 중요하다.
설사 당장은 찾는 사람이 별로 없더라도 괜찮다.
콘셉트가 분명하고 내용이 좋으면 점차 조회 수가 늘어날 것이다.
그 과정에서 눈 밝은 편집자로부터 출판 제안을 받을 수가 있다.

완성 원고를 출판사에 보내는 것보다
편집자의 검색으로 눈에 띌 확률이 더 높은
'인터넷 퍼블리싱'이 효과적이다.

저자가 되고 싶다면, 특정 신문이나 잡지 등에 고정 칼럼을 싣거나
인터넷 매체를 활용하여 자신의 글을 노출하는 것도 한 방법이다.

따라서 글의 콘셉트는 말할 것도 없고,
각 글에 제목을 붙일 때 독자와 출판사가 탐낼 만한,
매력적인 카피를 사용하는 센스도 탑재해야 한다.

공감, 구독률 2배로 높여주는
블로그 글 배치 팁

블로그 글은 일정한 형식이 정해져 있지 않다.
간단하게 개요를 짠 뒤 자유롭게 자신의 경험과 생각을 풀어내면 된다.
문학작품이나 매체에 발표하는 글처럼,
문장의 완성도를 크게 요구하지 않는다.

핵심 메시지를 뒷받침하는 이미지 배열

블로그에선 글 원고와 사진(이미지) 원고가
거의 같은 비중으로 쓰이는 게 일반적이다.
글보다 사진과 동영상 등
시각 자료를 더 많이 사용하는 블로거도 적지 않다.

그러다 보니 블로그를 운영하려면
글도 길게 쓰고 사진도 많아야 한다는 인식을 갖고 있는 듯하다.

틀린 말은 아니다.

하지만 포스팅 작업에서 이보다 더 중요한 요소가 있다.
'핵심 메시지와 이 메시지를 받쳐주는 이미지를
어떻게 배열할 것인가'이다.
글과 이미지의 배치는 가독성에도 영향을 주지만,
내가 전하고자 하는 정보에 대해
독자의 신뢰감과 설득력을 담보하기 때문이다.

텍스트 배치의 통일성

자신이 전하고자 하는 정보에 대해
구독자의 이해와 신뢰감을 얻기 위해서는
글의 내용과 텍스트의 배치에 신경을 써야 한다.
손님을 맞이할 때 테이블 세팅에 정성을 들이는 것처럼.
글의 구성, 문단 정리, 서체 사용 등이 모두 중요하다.

특별히 글의 구성에 대한 고민과 함께 서체의 통일성을 유지하는 게 좋다.
다양한 서체나 여러 가지 색을 사용할 경우, 산만한 느낌을 주기 쉽다.
포스팅의 격을 떨어뜨릴 수도 있다.

글의 구성 방법과 문단 정리 요령에 대해서도 짚어보자.

블로그 글의 효과적인 구성법

대체로 사건의 시간적 순서나
장소의 변화에 따라 쓰면 자연스럽고 쉽다.
이러한 구성을 순차적 구성법, 또는 자연적 구성법이라 한다.

좀 더 복잡한 구성을 선택할 수도 있지만,
블로그 글은 대체로 생활 글이니만큼
자연스런 구성법을 사용하는 게 좋다.

문단 나누기도 중요하다

글을 쓸 때 문단을 나누면 쓰기에 편하고,
글의 주제도 잘 드러난다.
이런 까닭에 문단 나누는 방법을 알면
글쓰기 실력을 키우는 데도 도움이 된다.
또한 독자의 입장에서도 쉽게 읽힌다.

문단은 하나의 내용을 담는 글의 단위이다.
따라서 내용이 달라질 때 나누는 것이 원칙이다.
이렇게 말하면 복잡하므로 가장 무난한 방법을 택해야 한다.

- 시간이 바뀌면 문단을 나눈다.
- 장소나 배경이 달라지면 문단을 나눈다.
- 새로운 사람이 등장하면 문단을 나눈다.
- 새로운 이야기가 시작되면 문단을 나눈다.

글쓰기에 속성 코스란 없다.
밤새 붙인 미사여구를 다음 날 단칼에 잘라내며
미숙한 문장과 씨름하는 시간을 견뎌야 한다.
하여 글쓰기의 고통(희열?)을 감내하며 우직하게 나아가는 것뿐.

평범한 사람이
전문가 되는 최고의 방법

평범한 사람이 한 분야의 전문가로 도약할 수 있는
한 방편은 바로 책 쓰기다.
책 쓰기야말로 가장 경제적이며, 가장 창조적인 투자다.
개인의 이름을 알리는 '퍼스널 브랜드' 구축에도 탁월한 효과가 있다.

특정한 분야를 대표하는 전문가가 되고 싶다면,
책 쓰기에 도전해볼 것을 제안한다.

그런데 막상 어디서, 어떻게 풀어나가야 할지
방법을 몰라 주저하는 사람이 있을 것이다.
특히 첫 책을 낼 때 이런 어려움을 겪기 쉽다.

이런 경우 전문가의 도움을 받는 것도 고려해볼 만하다.
방향을 잘못 잡은 채 무턱대고 열심히 쓰다 보면,
시간만 낭비하거나 책이 나오기도 전에 힘이 빠질 수가 있다.
제대로 알고 쓰면 목표 지점을 앞당길 수 있다.

다만 첫 책에서 베스트셀러 저자가 되겠다는 욕심은 버려야 한다.
그보다는 진정성이 있고 내용이 충실한 책을 쓰겠다는
자세로 시작해야 한다.

이야기 요리사
봉 작가를 만나면

10인 미만이 함께하는 '북코칭 마스터 클래스'(6개월 과정)와
지자체의 '자서전 교실'(1년 과정)을 십수 년째 이끌고 있다.
1주일에 한 차례씩 3시간에 걸쳐 진행한다.
수업은 글쓰기 전반에 관한 이론 수업과 실전 학습이다.
과제로 부과한 각 사람의 글을 교육생 모두가 공유한 뒤

1:1 코칭으로 이루어진다.

참가자는 주로 정년을 넘겼거나 주 활동 무대에서 은퇴한 사람,
로망은 있었으나 정작 글쓰기와는 거리가 먼
생활을 해온 분들이다.
물론 현역으로 활동하는 중장년이나 청년 교육생도 있다.
그들에게는 자신의 이야기를 책으로 펴내고 싶은 열망과
본업에 대한 노하우를 글로 정리하고 싶은 염원을 품어왔다는
공통점이 있다.

은근히 각각의 색채도 강렬한,
자신의 영역에선 달인이지만 글쓰기에선 초보인 수강생들.
한 주 한 주 시간이 쌓여감에 따라 글쓰기에도 진화가 일어난다.
몇 줄 쓰는 것도 벅찼던 사람이 A4 용지 한 장 분량을 써내는가 하면,
맞춤법과 띄어쓰기는 물론 문단 정리가 안 됐던 어르신들이
점차 진화된 글쓰기로 나아간다.

1년에 겨우 한두 권 책을 읽었다던 분들이 글을 잘 쓰고 싶어
일간 신문을 정독하거나, 책을 찾아 읽는다.
나이 어린 글쓰기 선생의 첨삭 강의를 경청하며
과제로 내준 베껴 쓰기를 꾸준히 실행한다.
맞지 않는 조사 사용, 주어와 서술어의 불일치,

중복 문구와 같은 단어가 빼곡히 박혀
'빨간 딸기밭(빨간 펜)' 첨삭 지도를 받던 거친(?) 글들이
점차 모양새를 갖추기 시작한다.

평생 글을 한 번도 써본 적 없다던 어떤 분은
과정 절반이 지날 때까지 글을 한 편도 지어오지 못했다.
"창피해서 그만둬야겠어요."
"곧 글샘이 터질 테니, 필사하시면서 기다려보세요."

유레카!
진한 삶을 보유한 이분은 어느 날 근사한 글을 뚝딱 써왔다.
동료들의 환호를 받은 그날 이후, '서부의 총잡이'를 닮은
자신의 이야기를 분수대의 물줄기처럼 줄줄 쏟아냈다.

그렇게 글을 쓰고, 다듬고, 제목을 붙이고, 목차를 짜고,
지은이 소개 글과 머리글도 써보고….
마침내 그들은 자신의 이름이 새겨진 책 한 권을
세상에 내놓는 경험을 한다.
세상에 딱 하나뿐인 자신의 책을.

같은 꿈을 품은 분들이 모여 읽고, 쓰고, 나누는
이런 일련의 과정이 글쓰기의 상승효과를 가져와

책 쓰기의 꿈을 이루게 한다.

그중 어떤 분은 평생 일했던 공직 기관에 강사로 출강하고,
문인의 길을 걷고 있는 사람도 여럿이다.
어떤 분은 제2, 제3의 출간을 통해
저명한 강사로 등극, 해외까지 지경이 넓어졌다.
현역 시절보다 은퇴 후 더욱 빛나는 노후다.

이러한 토대는 자신만의 경험과 전문 분야를 담은
책을 펴냈기에 가능한 일이다.

아무리 귀한 경험과 지식도 책으로 콘텐츠화하지 않으면,
세상이 알아주지 않는다.
세상이 나를 알아주지 않더라도 내가 나를 알아주고,
다음으로 나아가게 하는 엄숙한 예식이
바로 자서전 쓰기와 전문 분야의 책 쓰기라 할 수 있다.

매력적인 글쓰기 플레이팅

낯설게 보고, 낯설게 쓴다

대상의 본질에 집중하는 글쓰기

표현을 너무 과장하고 있지는 않는가?

형용사, 부사를 줄여야 품위 있는 글이 된다

수식어를 절제할 때 문장이 비상(飛上)한다

매끈한 글보다 진정성이 먼저다

매력적이고 섹시한 제목을 붙인다

키워드를 활용하면 글쓰기가 쉬워진다

고민되는 글의 첫 문장과 끝 문장 처리

단번에 마음을 사로잡는 내러티브 글쓰기

머리글과 지은이 소개 글

글쓰기에서의 적정한 거리두기

감동은 서술보다 생생한 묘사에서 나온다

독자 위에 군림하는 문장은 누구도 좋아하지 않는다

시제를 일치시키자

글의 설계, 왜 중요한가

논리적 사고가 좋은 글을 만든다

음식이든 글이든 간이 배야 맛있다

'스토리 셰프' 봉 작가의 맛있는 글쓰기 레시피

낯설게 보고, 낯설게 쓴다

글쓰기를 함에 있어 낯설게 보고, 낯설게 쓴다는 것은
개성적으로 바라보고, 개성적 언어로 표현한다는 뜻이다.
관습적이거나 사회통념으로 보고 쓰면 진부한 글이 되기 때문이다.

창작의 본질 중 하나는 참신성에 있다.
참신하고 개성적인 글이 되기 위해서는
나만의 시각으로 보고, 나만의 언어로 표현해야 한다.
이것이 문학에서 말하는 '낯설게 보기'와 '낯설게 하기'다.

개성적 시각에는 현미경으로 보는 미시적인 시각도 있고,
망원경으로 보는 거시적인 시각도 있으며,
대상을 비틀어 보는 풍자적인 시각도 있고,
뒤집어 보는 비판적인 시각도 있다.

예를 들어 대나무를 제재로 수필을 쓰면서
'지조와 절개'를 드러내려 한다면
그 글은 개성이 결여된, 진부한 수필이 되고 만다.

대나무라는 대상, 즉 텍스트를
자기만의 시각으로 남다르게 보아야 한다.

대나무를 지조나 절개의 상징으로 보는 것은
그 자체가 진부한 것이 아니라,
지금까지 많은 사람이 대나무의 속성을 그렇게 규정했기 때문이다.

처음 대나무에서 지조나 절개를 속성으로 본 사람은
매우 참신한 시각을 가진 사람이었다.
그러나 표현이 과소비되다 보니 진부한 것이 되고 말았다.

그러므로 진부한 것과 참신한 것은 상대적이다.
이미 많은 사람이 규정한 속성을
그대로 따라가는 것이 진부한 것이지,
대상을 어떻게 바라보느냐 하는 것 자체에
진부함과 참신함이 있는 것은 아니다.

따라서 남들과 다르게 보고, 다르게 표현하는 '낯섦'은
'참신'의 다른 말이기도 하다.

대상의 본질에 집중하는 글쓰기

어떤 제재에 대해서 글을 쓸 때는
우선 그 제재인 대상에 대해 거듭해서 사고해야 한다.

마치 수행자가 화두를 붙들고 늘어지듯이.

지속적이고 집중적인 사고를 하면 언젠가 대상은
자신의 내밀한 이야기를 당신에게 털어놓을 것이다.
그것을 글로 쓰면 된다.

반면 일시적 관찰이나 얕은 사고를 통해 글을 쓴다면,
그 또한 피상적이거나 상식 수준을 넘지 못하는 글이 된다.

대상의 본질에 다가가는 방법은 여러 가지가 있다.
그중 하나가 비교하거나 대조하는 것이다.

비교는 아는 대상을 통해 모르는 대상을 쉽게 이해시키고,
대상 간의 공통점을 밝히는 데 효과적이다.

반대로 대조는 친근한 대상과의 차이를 밝혀
대상의 특성을 이해시킬 때 효과적이다.
따라서 비교와 대조는 표현기법 이전에
효과적인 사고의 방법이기도 하다.

그 적절한 예시로 나도향의 '그믐달'을 꼽을 수 있다.

(도입부 생략)

서산 위에 잠깐 나타났다 숨어버리는 초승달은

세상을 후려 삼키려는 독부가 아니면 철모르는 처녀 같은 달이지만,

그믐달은 세상의 갖은 풍상을 다 겪고, 나중에는 그 무슨 원한을 품고서

애처롭게 쓰러지는 원부와 같이 애절하고 애절한 맛이 있다.

보름에 둥근 달은 모든 영화와 끝없는 숭배를 받는 여왕 같은 달이지만,

그믐달은 애인을 잃고 쫓겨남을 당한 공주와 같은 달이다.

(중략)

내가 한 있는 사람이 되어서 그러한지는 모르지만,

내가 그 달을 많이 보고 또 보기를 원하지만, 그 달은 한 있는 사람만

보아 주는 것이 아니라 늦게 돌아가는 술주정꾼과

노름하다 오줌 누러 나온 사람도 보고, 어떤 때는 도둑놈도 보는 것이다.

어떻든지, 그믐달은 가장 정 있는 사람이 보는 중에,

또한 가장 무정한 사람이 보는 동시에 가장 무서운 사람들이 많이 보아 준다.

내가 만일 태어날 수 있다 하면, 그믐달 같은 여자로 태어나고 싶다.

– 나도향의 '그믐달' 중에서 –

작가는 이 작품의 본질에 도달하기 위해서

보름달과 초승달을 끌어다가 비교하고 대조했다.

그 결과 작가는 그믐달의 본질에 접근할 수 있었고,

한국 현대수필 문학사에 길이 남을 작품을 남길 수 있었다.

표현을 너무 과장하고 있지는 않는가?

글쓰기 & 책 쓰기 교실에서 주의를 주는 것이 있다.
글을 쓸 때 조금 느낀 것을 많이 느낀 것처럼,
조금 아는 것을 많이 아는 것처럼 과장해서 표현하는 것이다.

말할 때 유독 허풍이 심한 사람을 본 적 있을 것이다.
그런 사람을 신뢰하기는 어렵다.

글쓰기에서의 과장 또한 내용의 진정성을 떨어뜨린다.
이는 상업적인 글이든, 개인 서사 쓰기든 똑같이 적용된다.

부풀려 표현한 단어 사용을 경계하자

내용 면에서의 과장도 경계해야겠지만,
내 글(말)을 부풀려 표현한 단어 사용도 조심해야 한다.

'동양 최대', '세계 최고'와 같은 '최상급' 표현이나
'가장', '오직', '특별히'와 같은 단어도 되도록 지양하자.

가령, '참기름'을 '진짜 순참기름'이라 한다거나,
사회적으로 전문성을 인정받은 교사나 강사 등의 직업에

굳이 '명강사', '최고 명강사'라 호칭하는 것도 유사한 예라 하겠다.

의성어와 의태어, 직유법 사용도 절제가 필요하다

우리말의 특징 중 하나인 의성어와 의태어도
절제할 필요가 있다.

'대롱대롱', '철썩철썩', '살랑살랑'과 같은 상징어를 많이 사용할 경우,
자칫 문장이 유치해질 수 있다.
'~처럼', '~같이', '~마냥'과 같은 직유법 사용도 가급적 절제하자.

형용사, 부사를 줄여야
품위 있는 글이 된다

글에서 감칠맛 나는 표현은 매우 중요하다.
좋은 글을 쓰기 위해선 지켜야 할 규칙들이 있다.

이 규칙은 형식적인 것에 속하지만,
문장 기술의 기둥이라 할 수 있기에
일부 내용적인 부분까지 포함해 하나씩 정리해보겠다.

한 편의 글에서 같은 단어를 반복하는 것은 좋지 않다.
필요시에는 가급적 의미가 비슷한 단어들을 골라 써야 한다.
형용사와 부사의 남용은 더 경계해야 한다.

형용사를 잘못 쓰면 감정적인 글이 되기 쉽다

형용사는 동사와 달리 객관적 사실보다는
주관적 감정이 끼어든 단어이다.
부사는 서술어의 뜻을 정확하게 강조하는 단어이다.

형용사를 잘못 쓰면 감정적인 글이 되기 쉽고,
부사를 지나치게 사용하면 독자의 생각을 가로막게 된다.

예를 들어보자.
'그는 엄청 빠르게 달린다'보다
'그는 100미터를 11초에 달렸다'라고 할 때 문장이 객관성을 얻는다.

'그녀는 미스코리아 뺨치게 너무 예뻤다'보다
'그녀는 대학 시절 메이퀸이었다'라고 할 때 사실적으로 받아들여진다.

세계 재벌 10위권에 드는 사람이
"저는 돈이 많습니다"라고만 해도 듣는 사람은

그가 '정말 엄청나게' 돈이 많다고 받아들인다.
굳이 "돈이 무척 굉장히 많다"라고 말하지 않아도 된다.

"나는 돈을 무지 많이 벌고 싶다"라고 표현하는 대신에
"회갑 때까지 100억 원을 모으겠다"라고 말하면 객관성을 가진다.

우리는 언문(言文) 생활에서 '너무'와 '정말'이라는 단어를
지나치게 남발하는 경향이 있다.
오죽하면 스티븐 킹(미국 작가)이
"지옥으로 가는 길은 부사로 뒤덮여 있다"라고 했을까.

언문(言文) 생활에서 남용되고 있는 '너무'와 '정말'

실제로 북코칭 교실의 교육생들 원고에는
'정말', '너무'라는 부사와 '그런데', '그래서'라는 접속사가
밤하늘의 별처럼 빼곡하게 박혀 있다.
이에 더하여 '아름다운', '훌륭한'과 같은 형용사도 곧잘 보인다.

문장을 쓸 때는 가급적 자신의 감정을 앞세우지 않는 게 좋다.
형용사는 동사로 바꿔 쓰고,
부사를 반복해서 사용하는 일도 절제해야 한다.

반복어를 피하려면 같은 뜻의 다양한 어휘를 숙지하자

남의 말을 전할 때 쓰이는
'말했다', '언급했다', '밝혔다', '강조했다', '시사했다' 등의
반복 사용도 피하는 게 좋다.

'~에 대한(대하여)'도 가능하면 다른 표현으로 바꿔 써보자.

예를 들면,
'우리 회사 대표에 대한 사원들의 시각은 다양했다'는
'우리 회사 대표를 보는 사원들의 시각은 다양했다'로
바꾸는 것이 좋다.
습관적으로 '-에 대한'을 쓰면 글쓰기는 편하다.
그러나 이런 표현은 실제 언어 사용에서 괴리를 낳는다.

반복어를 피하려면
폭넓은 독서를 통해
같은 의미의 다양한 어휘들을 익혀둘 필요가 있다.

수식어를 절제할 때
문장이 비상(飛上)한다

처음 글 쓰는 사람들은 표현 대상을 잘 나타내기 위해
수식어를 많이 쓰는 경향을 보인다.

그러나 하나의 피수식어에 둘 이상의 수식어가 오면
오히려 묘사하고자 하는 대상의 이미지가 흐려지기 쉽다.

이 말은 필요 없는 수식어를 늘어놓거나,
같은 말을 되풀이하거나, 사족을 삼가라는 것이다.

마치 그림을 그릴 때 세 가지 이상의 물감을 섞으면
탁해지는 것과 같은 이치다.

이런 까닭에 가급적 수식어는 절제하는 습관을 길러야 한다.
사람들이 잘 사용하지 않는 현학적 표현으로
잔뜩 멋을 부리는 것도 좋지 않다.

수식어 절제, 접속어 남용도 경계하자

접속사의 남용도 주의할 필요가 있다.

'그리고', '그래서', '한편', '그러나', '하지만' 등과 같은
접속사를 덜 쓰는 것도 격(格)이 있는 글쓰기에 도움이 된다.

잘 쓴 글은 대체로 접속사가 거의 없다.
'그래서 물질이 사람을 불행하게 만든다'보다는
'물질로 인해 사람이 불행해질 수 있다'로 바꿀 수 있다.

문학적 글쓰기에서는 접속어 사용을 더욱 경계해야 한다.

매끈한 글보다 진정성이 먼저다

"글은 곧 그 사람이다"라는 말이 있다.
어떤 글이든 그 속에는 글쓴이의 사유 과정이 담겨 있고,
글쓴이의 삶의 무늬가 드러난다.

글은 멋지고 매끈하게 쓰는 것이 먼저가 아니다.
자신의 경험을 기록하고 담아내는 글쓰기에서는 더욱 그렇다.

글쓴이의 오롯한 삶의 자취를 담아내자

왜곡되지 않은 삶의 자취, 내용의 진정성이

바로 글의 생명이자 글의 중심이다.

글쓰기는 객관적이고 솔직한 자신의 모습을 보여주며,
자기 삶을 이끌어온 생각과 가치들을
정리해볼 수 있는 시간을 제공한다.

시중엔 매끈하게 쓰고 다듬는 법을 제공하는 책들도 많고,
관련 아카데미도 많이 개설되어 있다.
글쓰기 기술만을 전문으로 가르치는 강사도 넘친다.

그런데 독자의 글쓰기 역량을 키워주고 동기를 부여해주며,
책을 출간하도록 돕는 글쓰기 실용서나 워크북 형태로 출간된
책들 대부분은 지나치게 똑똑하다.

글을 쓰는 팁과 한 권의 책을 뚝딱 써내는 요령에 대해
마치 솔루션을 제공하듯 기술적인 측면을 집중적으로 다루고 있다.
심지어는 아주 쉽고 빠르게 베스트셀러 작가로 만들어주겠다고
호언하는 작가 양성 코스도 있다.

글쓰기에 수반되는 사고의 숙성이나 발효 과정은 건너뛴 채
'테크닉'에만 치중된 면이 없지 않다.

삶을 이끌어온 생각과 가치 정리가 중요하다

자기 삶의 숨결을 제대로 삭혀내지 못하고
기술적인 것에 치우친 책들은
독자의 영혼과 가슴을 적시지 못한다.
그러기에, 재미삼아 덤빌 수 있는 일이 아니다.

세상에 쉽게 써낸 원고란 없다.
부담 없이 가볍게 읽어 넘길 수 있는 원고도 없다.

매력적이고 섹시한
제목을 붙인다

글쓰기 가운데 가장 어려운 것이 제목 달기다.
글을 쓰는 것도 어렵지만,
글에 알맞은 제목을 정하는 일은 더욱 어렵다.

제목은 글의 전체를 말해주는 '간판'과 같다.
노련한 독자는 제목만 보고도 본문 내용을 파악한다.
그만큼 제목이 중요하다.

글뿐만이 아니다.

광고, 영화, 드라마, 책 모두 마찬가지다.

제목이 판매나 흥행의 상당 부분을 차지하기 때문이다.

제목에 끌려 책을 사거나 영화를 보거나

포털 사이트의 기사를 클릭한 적이 있을 것이다.

'제목 장사가 반'이라는 자조 섞인 말은 여전히 유효하다.

그래서 카피라이터나 작가들은

제목을 정하는 데 고심하며, 신중에 신중을 기한다.

매체 간 경쟁이 치열하고 일상이 분주한 독자를 겨냥하는

신문과 각종 미디어는 더 말할 나위도 없다.

주제를 드러내고, 참신하며, 구체적일 것

제목 달기가 어려워지는 경우는

대개 한 편의 글 속에 주제가 두 개 이상이거나

작가가 주제를 놓쳤을 때다.

이럴 땐 글의 주제를 하나로 통일시켜야 한다.

그것이 이루어졌다면 제목은 그 글 속에서 찾으면 된다.

주제가 불분명하게 흘러갔을 때에는

과감하게 버릴 수 있어야 한다.

부분 또는 한 편을 통째로.

글을 찬찬히 읽다 보면 매력적인 구절을 발견할 것이다.
주제를 암시하면서도 참신하여 독자의 호기심을
자극할 수 있는 단어나 구절이 그것이다.

제목은 주제를 드러내야 한다.
그러면서 참신하고 구체적이면 더 좋다.

예를 들면 '첫사랑'보다 '열네 살의 첫사랑'이 낫고,
'바다'보다는 '겨울 바다'가,
'겨울 바다'보다는 '주문진의 겨울 바다'가 낫다.

매력적이면서 섹시한(?) 제목을 찾아내는 일은
창작하는 이들의 영원한 숙제다.

키워드를 활용하면 글쓰기가 쉬워진다

글은 일관성이 있어야 한다.
자기 생각 위에 여러 데이터를 참고하여
자신이 원하는 방향으로 글을 이끌어가야 한다.

이때 핵심어를 사용하면 글쓰기가 훨씬 쉬워진다.

예를 들어 환경에 관한 글을 쓰고 싶다면 관련 핵심어인
'개발', '세제의 과다 사용', '녹색정책' 등을 떠올려보는 것이다.

가령, 스트레스에 관한 글을 쓴다면
'경쟁', '1등 지상주의', '과로', '우울증', '휴식' 등을 떠올린다.

이런 핵심어를 잘 활용하면
글의 일관성을 유지하기도 쉬워진다.

고민되는 글의
첫 문장과 끝 문장 처리

대체로 글은 첫머리가 중요하다.
첫 문장이 길게 늘어지면 독자들이 흥미를 잃어버린다.
글을 쓸 때 도입부에 해당되는 첫 문단과 첫 문장에
공을 들이는 까닭도 여기에 있다.

짧은 수필이나 자서전 등을 쓸 때는 특히 그러하다.
되도록 초점은 분명하게, 문장은 간결하게,

독자들의 시선을 사로잡을 만한 문장을 쓰는 게 좋다.

글의 마지막 문장 또한 마찬가지다.
글쓴이가 표현하고자 하는 주제를 압축해 보여주면서도
간결하게 맺을 때 긴 여운을 준다.

단번에 마음을 사로잡는
내러티브 글쓰기

글이든 말이든
어떤 사안이나 체험한 것을 누군가에게 전달할 때는
간결한 요약이 필요하다.

하지만 대강의 전후 사정을 생략한 채
서둘러 결과 보여주기로 끝맺고 만다면,
독자(청자)의 관심을 오래 붙잡아두기 어렵다.

사람들이 영화나 소설을 재미있어 하는 이유는
등장인물이나 해피엔딩에 대한 맹목적 대리만족 때문이 아니다.
숱한 우여곡절과 위기, 갈등 요소들이 심오하고도 적절하게
녹아 있는 플롯(plot)에 매료되기 때문이다.

설명하는 글보다 보여주는 글이 힘이 세다

일반 글은 물론 내러티브 형식의 글을 쓸 때는
표현 대상을 보다 '구체적이고 분명하게' 묘사해야 한다.
관련 인물의 표정과 몸동작은 물론 사건 현장의 작은 움직임도
놓치지 않고 묘사할 수 있어야 한다.

호기심이 많은 사람은 대화를 나눌 때
상대방의 목소리에만 귀 기울이지 않는다.
말을 하면서 몇 분마다 손목시계를 들여다보는지,
말할 때 눈동자가 흔들리지는 않는지,
그에게서 풍기는 스킨 냄새는 어떠한지를 놓치지 않는다.
모든 감각기관을 동원하여 상세하게 읽어낸다.

현장에 가서는 그 날의 날씨와 대기의 움직임, 주변의 소음,
인근 양계장에서 불어오는 바람 냄새까지도 알아낸다.

이렇게 한 인물을 세밀하게 관찰하거나
현장을 두루 누비며 쓴 사실적인 글은,
미사여구를 동원하여 쓴 글보다 끌어당기는 힘이 훨씬 강하다.

내러티브 글은 '디테일(detail)'로 승부해야 한다.

이야기는 줄거리가 중요할 뿐
세부사항은 무시해도 그만이라고 생각한다면 큰 오산이다.

디테일은 사소하거나 작은 게 아니다.
오히려 줄거리보다 큰 역할을 하며, 주제와도 직결된다.

디테일을 살린 글은 영상이 주는 효과를 뛰어넘는다

디테일을 잘 활용하면 영상 못지않은 시청각 효과를 얻을 수 있다.

디테일한 글은 상상력을 유발한다.
겉으로 드러나지 않는 내면의 심리까지 투영한다.

형사들이 살인사건 현장에서 증거물을 꼼꼼히 수집하듯,
내러티브 글을 쓸 때는 동원할 수 있는 정보를
최대한 수집해서 정밀하게 살려낼 필요가 있다.

머리글과 지은이 소개 글

한 권의 책을 펴내기 위해서는
무엇보다 자기 메시지가 분명하고 확실해야 한다.

200여 페이지 분량의 종이책은 말할 것도 없고,
40~50페이지 분량의 전자책도 마찬가지다.

출판사에서 채택해주기를 바라는 원고일 경우,
특별히 이 부분을 더욱 분명히 어필할 필요가 있다.

책 전체의 윤곽을 알 수 있는 출판기획안을 통해
자기소개, 책의 콘셉트 및 차별점, 목차, 집필 일정 등을
편집자가 한눈에 알아볼 수 있도록 작성하는 것이 좋다.
콘셉트가 확실하지 않고 메시지가 진부하면 책이 되기 어렵다.

저자의 전문성과 역량을 어필하자

이때 머리글(서문)과 지은이 소개는 본문 못지않게 중요하다.
대다수 독자는 책을 구매할 때 제목 다음으로
앞표지 날개 부분에 소개된 저자 소개 글을 살핀다.
책의 저자로서 전문성을 갖췄는지, 신뢰할 만한지 가늠하기 위해서다.

따라서 저자 소개 글을 쓸 땐
경력이나 학력, 수상 경력 등을 나열하는 데 그쳐서는 안 된다.

그보다는 어떤 가치를 품고 살아가는지, 내적 관심사는 무엇인지,

진정성을 담아내는 게 독자의 신뢰를 얻는 데 유리하다.

책의 내비게이션 - 머리글의 중요성

머리글은 책의 안내지도, 즉 내비게이션과 같다.
이 책이 주는 유익이 무엇인지, 어떤 내용을 다뤘는지 등을
설득력 있게 풀어내는 게 좋다.
머리글에 작가의 사고나 삶을 엿볼 수 있는 문장이 들어 있으면,
독자의 호기심을 자극하는 데 도움이 된다.

글쓰기에서의 적정한 거리두기

대상의 본질을 파악하는 데는
집중적인 사고만으로 되는 것이 아니다.
대상을 어느 지점에서 보느냐 하는
'대상과의 거리' 또한 중요하다.
여기서 거리란 심리적 거리를 말한다.

심리적 거리를 너무 가까이 잡으면
대상이 제대로 보이지 않는다.
여기서 가까이 잡는다는 것은

지나치게 감정에 치우친다는 의미도 된다.
그렇게 되면 자칫 감상에 빠지기 쉽다.

반대로 심리적 거리를 너무 멀리 잡으면
대상의 세부는 보이지 않고 전체만 보인다.
즉, 머리로만 대상을 보지 말라는 뜻이다.
대상의 윤곽만 그린 그림에선 감동하기가 쉽지 않다.

글도 마찬가지다.
알맞은 거리란 대상의 본질이 가장 잘 보이는 거리이다.
그 지점에서 봤을 때 대상의 전모뿐 아니라,
세부까지 보인다.

흔히 수필을 '관조의 문학'이라 한다.
이 관조가 대상을 보기에 가장 알맞은 거리이다.
관조(觀照)란 감정에 치우치지 않은
안정된 마음의 상태로 사물을 본다는 뜻이다.

심리적 · 시간적 거리도 필요하다

관조는 명경지수(明鏡止水)의 마음으로 본다는 말로 바꿀 수도 있다.
즉, 마음을 맑은 거울같이 하고 잔잔한 물같이 했을 때 대상의 본질이 제대로 보인다는 이야기다.

이것이 관조이며, 대상을 제대로 파악하기에 가장 알맞은 거리이다.

편견이나 선입견은 거울에 낀 때와 같고

감정에 치우친 마음은 여울목과 같다.

사물의 본질을 제대로 보기 위해서는

시간적 거리의 확보도 필요하다.

시간적 거리는 때로 심리적 거리와 같은 효과를 내기도 한다.

간밤에 겪은 일을 흥분된 상태에서 썼다면,

그것을 바로 신문사에 투고하거나 발표하지 않는 것이 좋다.

감정에 치우친 글이 될 수 있기 때문이다.

때론 시간적인 거리가 사물을 제대로 보게 한다.

감동은 서술보다
생생한 묘사에서 나온다

말하기와 보여주기의 적절한 구사는

소설이나 서사 수필에 해당하는 문제다.

(보고서를 쓰는 데 이런 고민을 할 필요는 없다.)

대개의 경우 서사 수필을 쓸 때는
지나간 과거사를 말하기 방식(telling)으로 기술하기 쉽다.

처음 글쓰기를 시작한 교육생의 글에서 흔히 접하는 일이다.
수업에서 비중을 두고 코칭하는 부분도 바로 이 대목이다.

말하기 진술은 독자의 상상력을 가로막는다.
글쓴이가 다 설명해주기 때문에
독자는 사건의 생생한 장면을 떠올릴 게 없는 것이다.

자칫 자기감정에 치우쳐 혼자 얘기하는 구조가 되기 때문에,
독자 입장에서 보면 개인의 넋두리를 듣는 기분이 들 수도 있다.

이런 글은 좋은 글이라 할 수 없다.
가능한 한 보여주기 방식(showing)으로 표현함으로써,
보다 생생한 현장감을 주는 것이 효과적이다.

감동은 현장을 직접 보는 듯한, 사실(fact) 묘사에서 나온다.
감동은 글쓴이의 자아도취적 감정에서 나오지 않는다.

"졸지에 고아가 된 그 꼬마가 어찌나 가엾던지,
하염없이 눈물이 났다."

이와 같은 문장이 그러한 예다.
호들갑에 가까운, 글쓴이의 주관적 감정 서술은 금물이다.
감동은 현장을 직접 지켜보는 것 같은 사실 묘사에서 나온다.

서술하지 말고 직접 보여주자.
사진처럼, 영화의 한 장면처럼.

독자 위에 군림하는 문장은
누구도 좋아하지 않는다

독자의 신뢰를 얻고, 진정으로 소통하길 바란다면
소재에 대한 자신감과 함께 '솔직함'이 가장 중요하다.

미려한 문장보다는
정확한 문장을 쓰는 습관을 길러야 한다.

특히 현학적인 문장은 피해야 한다.
얼핏 자신의 인품이나 교양을 높이는 것이 되는 듯싶지만,
독자 위에 군림하는 듯한,
나를 치켜세운 문장은 누구도 좋아하지 않는다.

시제를 일치시키자

영어나 외국어를 학습할 때는 시제를 엄격히 지키면서
우리말로 글을 쓸 때는 시제를 무시하는 경우가 많다.
우리말에 시제가 있느냐고 묻는 사람도 있다.

서구어처럼 복잡하지 않은 우리말의 시제

이런 현상이 소설이나 수필 같은 문학에만 있는 것은 아니다.
실용문인 블로그 글에서도 마찬가지다.

우리말의 시제는 서구어처럼 복잡하지 않다.
말을 하는 시간인 '발화시(發話時)'를 기준으로 한다.
발화시보다 이전에 일어난 사건은 과거,
말하는 순간에 일어난 사건은 현재,
발화시보다 나중에 일어날 사건을 미래라고 한다.

이밖에 '동작상(動作相)'이 있는데,
동사나 형용사의 어간에 '~고'를 붙인 다음 '있다'를 연결해,
'가고 있다'로 하면 진행이 되고,
동사나 형용사의 어간에 '~아/~어'를 붙인 다음
'있다'를 연결하면 '가 있다'처럼 완료형이 된다.

현재 시제를 쓰는 경우

시제는 필연성에 의해 바뀌어야 한다.
시제의 혼란은 글의 일관성을 해칠 뿐만 아니라,
사건의 경과를 파악하는 데도 어려움을 준다.

발화시에 일어난 사건 외에
다음과 같은 경우는 현재 시제를 쓴다.

① 영원한 진리 : 지구가 돈다.
② 습관 : 그는 가끔 그 찻집에 들르곤 한다.
③ 성격 : 그는 매우 정직하다.

이 외에도 생동감 있게 표현하고자 할 때는
현재 시제를 쓸 수 있다.
가령, 과거에 일어난 사건일지라도 현장감을 주려 한다면
현재 시제를 쓰면 효과적이다.

현재 시제는 현재 일어나는 형태로 나타나기 때문에,
글의 내용이 생생하게 전달되고
사건의 현장이 생생하게 떠오르게 하는 효과가 있다.

글의 설계,
왜 중요한가?

글쓰기란 자신의 생각이나 감정, 경험 등을
문장으로 표현하는 행위이다.

글쓰기는 '누구에게 쓸 것인가,
무엇을 쓸 것인가,
어떻게 쓸 것인가'에서 출발한다.
그리고 수많은 과정을 거쳐 한 편의 글이 완성된다.

글쓰기는 내용을 선정하고 얼개를 짜고 표현하는 과정에서
고도의 사고 행위를 동반한다.
사실 글쓰기는 목적과 얼개를 짜면
그에 맞게 표현해 가는 일만 남게 된다.

흔히 글쓰기는 이론상으로
자신이 쓰고자 하는 주제 정하기,
글감의 탐색과 내용 선정,
얼개 짜기, 표현하기, 고치기 등
단계별로 복잡한 과정을 거치지만,
실제로 글을 쓸 때는 이 모든 것이 통합적으로 이루어진다.

글쓰기의 경우,
독자가 누구인가와
왜 이 글을 쓰는지 목적을 분명히 해두면 쉬워진다.

그런 다음, 브레인스토밍이나 생각 그물 등을 활용하면
머릿속에 있는 생각을 정리하는 데 효과적이다.

또한 쓸 내용을 간단히 적거나 개요를 작성한다면
삼천포로 빠지는 일을 막을 수 있다.
글의 설계가 중요한 이유다.

이렇게 글의 전개 상황을 정리하는 것을 개요 작성이라 한다.
개요 작성은 글의 흐트러짐을 막아주고,
실제 글을 쓸 때의 어려움을 상당 부분 덜어준다.

글쓰기 역시 결과보다는 과정이 중요하다.
이러한 과정을 통해 완성한 글은
다른 사람에게 보여주는 것이 좋다.
독자의 반응을 통해 좀 더 객관적이고
좋은 글을 쓸 수 있기 때문이다.

논리적 사고가
좋은 글을 만든다

글은 곧 생각이다.
바꿔 말하면, 그 사람의 글은 곧 그 사람의 생각이다.
따라서 논리적인 사고 습관이 좋은 글을 만든다.
주제를 놓고 다양한 생각의 논리를 펼쳐보는 것이 좋다.

생각은 공부처럼 특별히 자리를 마련하거나
별도의 시간을 들일 필요가 없다.
평소 차를 타고 오가거나 차를 마시거나 산책할 때,
간간이 어떤 주제를 떠올리면서 나름의 생각을 정리하면 된다.

좋은 생각이나 논리가 떠오르면
키워드 중심으로 메모해두는 것이 좋다.
기억에는 한계가 있기 때문에,
언제라도 수첩을 펼치거나 스마트폰을 열고
메모해둘 필요가 있다.

무엇보다 생각을 어떻게 마무리할지를
항상 염두에 두어야 한다.

음식이든 글이든
간이 배야 맛있다

오래전 책에서 읽은 내용이다.

간 이식 수술을 받은 사람이 있었다.
소금으로 간을 한 음식을 먹지 못하다가
상태가 좋아져 간이 밴 음식을 먹고 나선
들뜬 목소리로 외치더란다.

"음식의 간이 삶의 질(質)이야."

음식에 간이 빠지면 먹어도 먹은 게 아니란 뜻이다.

음식만 그럴까.
말과 글도 마찬가지다.
인류의 스승들이 남긴 어록을 보면 알 수 있다.

"문장에 파란(波瀾)이 없으면
여인에게서 곡선이 없는 것과 같다."
– 임어당 –

"말에 무늬가 없으면 멀리 가지 못한다."

– 공자 –

음식의 간은 입맛을 돋워준다.

인생의 파란과 말의 무늬는 음식의 간과 같다.

말은 간이 맞아야 남을 설득하고,

글은 간이 배야 맛있게 읽힌다.

글맛 더하기 & 첨가물 빼기

쉽고 담백한 글이 최상의 문장이다

중언부언이 되지 않게 하려면

퇴고 작업에 정해진 매뉴얼은 없다

글맛을 더해주는 퇴고의 세 가지 원칙

집필 의도에 맞게 썼는지 스스로 검열관이 되어야 한다

글쓰기는 재고(再考)의 과학이다

독자의 오감을 자극하는 묘사적 글쓰기

문장의 군더더기를 없애는 다이어트 전략

간밤에 쓴 글은 다시 보아야 한다

완성도 높은 글, 고쳐 쓰기가 답이다

'스토리 셰프' 봉 작가의 맛있는 글쓰기 레시피

쉽고 담백한 글이
최상의 문장이다

알기 쉬운 문장이 좋은 글이다.
작가의 의도나 정서가 자연스럽게 전달되어야 좋은 글이다.

글을 잘 쓰는 사람은 어려운 내용을 쉽게 풀어 쓴다.
전문적인 용어나 어려운 단어를 늘어놓는 대신에
누구나 아는 평이한 단어를 사용한다.
중학교 1~2학년생이면 이해할 정도로.

미사여구로 문장을 칭칭 감는 것보다는
솔직하고 담백한 언어를 사용하는 게 좋다.

가장 쉽고 자연스러우며,
모두가 공감하는 글이 최상의 문장이다.

중언부언이 되지 않게 하려면

정확하고 간결한 문체로 핵심에 도달하는 글을 쓰기란
말처럼 그리 쉬운 일은 아니다.
사람들이 오랜 시간 공들여
글쓰기를 훈련하는 이유도 이 때문이다.

아름답게 쓰려고 하지 말고 정확하게 쓴다
글쓰기에 임하는 마음가짐은 이것 하나면 족하다.

아름답게 쓰려는 욕심이 중언부언을 낳는다.
중언부언이 생성되는 진실은 하나다.
자신이 쓰고자 하는 것을 장악하고 있지 못하다는 뜻이다.

자신의 지혜(지식) 창고를 모두 이용하려는 욕심을 버리고,
이 얘기 저 얘기를 끌어들이지 않으며,
대중이 아는 쉬운 단어를 사용하여
곧장 요점으로 날아가야 한다.

퇴고 작업에
정해진 매뉴얼은 없다

글쓰기 수업에서 자주 받는 질문 중 하나가
퇴고(고쳐 쓰기) 요령에 관한 것이다.

이에 대한 대답은 예나 지금이나 같다.
자신이 쓴 글을 바로 잡고 다듬는 퇴고 작업에는
특별한 방법이나 정해진 매뉴얼이 없다는 것이다.

쓰지 않는다면 퇴고 요령은 익힐 수 없다

다만 글을 쓰는 사람의 기준이나 방법, 특성, 취향,
쓰기 습관 등에 맞춰 꾸준히 글을 쓰는 게 중요하다.

그렇게 쓰면서 퇴고를 하다 보면,
나름의 방법을 익히게 된다.
물론 문장 능력과 글을 보는 안목도 길러진다.

처음 글을 쓰는 경우라면, 주변 사람에게 보여주고
피드백을 받거나 전문가의 코칭을 받는 것도 좋다.

일단 쓰면서 고쳐 쓰기를 반복해야 한다.
글쓰기에 관한 책을 아무리 많이 읽고 관련 강좌를 쫓아다녀도
쓰기가 수반되지 않으면
퇴고 요령을 아무리 많이 습득해도 모두 무용지물이 된다.

주어와 서술어 일치, 종결어미의 통일성

손보지 않은 허점투성이의 글을 독자에게 공개하는 것은
무례함의 극치이며 바보 같은 짓이다.
주변의 도움을 받아서라도 반드시 완성도를 높여야 한다.
실제로 글을 좀 써본 사람은 교정 과정을 중요시하지만,
이제 막 시작한 초보일수록 단어 하나조차 버리지 않으려 한다.

글도 일종의 디자인이다.
내용 못지않게 형식도 중요하다.
글의 배치와 흐름이 자연스럽고 정갈해야 한다.

그러기 위해선 주어와 서술어 관계가 일치하는지,
주제에 일관성이 있는지,
종결어미의 통일성은 유지되고 있는지 등도 꼼꼼히 살펴야 한다.

글맛을 더해주는
퇴고의 세 가지 원칙

힘들고 귀찮아도 글을 쓴 후 반드시 거치는 수순이 있다.
바로 퇴고 작업이다.
문장의 완성도를 높이고 글맛을 더해주기 위해서다.

문장의 전체적인 완성도를 높이려면,
다음의 세 가지 원칙을 지킬 필요가 있다.
첨가의 원칙, 삭제의 원칙, 재구성의 원칙이 그것이다.

첨가의 원칙

먼저 첨가의 원칙은 초고를 쓴 다음, 글에서 빠진 부분과
부족하다고 느껴지는 부분을 찾아 첨가하고 보완하는 것을 말한다.

이때 충분한 설명이나 논의가 부족한 부분은 없는지,
쓰고자 의도했던 내용이 빠지지는 않았는지,
지나친 생략으로 논리의 비약이 이루어진 부분은 없는지 등을
살피는 게 중요하다.

삭제의 원칙

삭제의 원칙은 모호한 수식어나 추상적인 단어,
중언부언하여 내용이 겹치는 대목,
감정적 표현이 지나친 경우 등이 해당된다.
이럴 땐 과감히 삭제하는 게 좋다.

재구성의 원칙

재구성의 원칙은 글의 연결과 짜임새는 반듯한지,
문단과 문단은 바르게 나뉘어져 있는지,
글의 흐름상 문장 구성을 변경하면 더 효과적일지를 살핀다.
이때 주제와 글의 구성을 부분적으로 고칠 수도 있다.

기타(문법, 단어, 관점)

이 밖에 문법에 어긋난 문장은 없는지, 단어 선택은 적절한지,
표현 방식에 있어 관점과 처지의 불일치는 없는지 등을
살펴서 수정해야 한다.

자신이 쓴 글의 수정과 보완을 주저한다면
글쓰기의 진척을 기대하기 어렵다.

집필 의도에 맞게 썼는지
스스로 검열관이 되어야 한다

주제문을 한 문장(20자 내외)으로 정리

글의 핵심은 주제다.
주제는 글의 생명이나 다름없다.
무엇을 말하는지 불분명하거나
주제가 빠져 있다면 글로서의 가치와 생명력을 잃기 쉽다.

그럼에도 주제가 모호하거나 광범위해서,
글쓴이가 무슨 말을 하고 싶은지
분간하기 어려운 글을 접할 때가 있다.

이러한 문제는 대부분 글을 쓰기 전에
주제를 명확히 정해놓지 않아서 생긴다.

이 문제를 해결하는 가장 좋은 방법은
글을 쓰기 전 스스로에게
'누구를 대상으로 무엇에 관해 쓰려고 하는가?',
'무엇을 말하고 싶은가?'에 대한 질문을 던지고,
이에 대한 답을 20자 내외의 한 문장으로 정리해 보는 것이다.

어떻게 펼칠 것인지 글의 전개 순서 구상

'무엇에 관해 쓰려는지(주제)'와
'어떻게 전개할 것인지(구성)'를 세워놓고 글쓰기에 들어가야 한다.

그런데 막상 글을 쓰다 보면 필요 이상으로 글이 길어지거나
엉뚱한 방향으로 전개되는 경우가 종종 있다.
주제를 향해 일관되게 전진하지 못하고 엉뚱한 길로 빠져들어,
무슨 이야기를 하고 있는지조차 가늠할 수 없는 대목이 생기는 것이다.

이런 경우 잘못된 부분을 바로 고치지 않으면,
글의 초점이 흐려짐은 물론 글의 완성도도 현저히 떨어지게 된다.

글을 다 쓴 뒤에는(때에 따라선 쓰는 중에도)
글이 집필 의도에 맞는지,
주제가 선명하게 드러나는지,
스스로 검열관이 되어 수십 수백 번 읽어보아야 한다.
읽기야말로 퇴고의 중요한 수순이라 할 수 있다.

글쓰기는
재고(再考)의 과학이다

인간은 잡담(雜談)을 즐긴다.
논리를 따지거나 크게 고민하지 않고도
자유로이 나눌 수 있기 때문이다.

하지만 글은 다르다.
잡담이 아닌, 재고(再考)의 과학이기 때문이다.

글을 쓰는 사람은 발표하는 순간까지
다듬고 또 다듬는 것을 마다하지 않는다.

단번에 글을 써 내려가는 것은 멋진 일이다.
하지만 고치고 또 고치는 과정을 반복하면서
글 쓰는 능력이 길러지며, 글을 보는 눈도 밝아진다.

독자의 오감을 자극하는
묘사적 글쓰기

이야기 글의 특징은 설명 대신 보여주는 것(Don't tell. Just show)이다.
"그는 키가 무척 컸다", "그녀는 마음이 여렸다"라고
표현하는 것은 지양해야 한다.

"그는 내 집무실에 들어올 때마다 문지방에 머리를 찧곤 했다",
"그녀는 약속시간에 늦었으나 라디오에서 흘러나오는
가수의 노래를 차마 끊지 못했다"와 같이 표현하는 게 낫다.

키가 크다면 구체적으로 얼마만큼 큰지, 또는 어떤 성격의 소유자인지
독자가 상상할 수 있도록 보여주어야(showing) 한다.

글 쓰는 이의 시각으로 단정 지어서
"그녀는 감성적이다", "그는 지나치게 독선적이다"라고
표현하는 것은 해설에 가까운 서술(telling)이지 묘사가 아니다.

"아이는 낡고 찢어진 매트리스 위에 누워 있었다.
여위고 긴 다리를 가슴에 웅크리고,
벌레에 물린 상처와 뾰루지들로 피부는 엉망이었다."
– 〈세인트피터스버그 타임즈〉의 '창 안의 소녀' 중에서 –

내러티브 글은 '비위행적인 환경' 등의 해설을 늘어놓지 않고,
'사진 한 장을 보여주듯' 사실의 섬세한 묘사를 통해
독자의 오감을 자극하고, 대중의 관심을 끌어당긴다.
섣불리 글쓴이 자신의 주관적 감정을 담아
"슬펐다", "가슴이 아파 눈물이 났다"는 식의 표현은 쓰지 않는다.

오히려 객관적 사실을 섬세하게 묘사함으로써,
글이 전하고자 하는 주제가 고스란히 독자의 몫이 되게 해야 한다.

문장의 군더더기를 없애는
다이어트 전략

과감히 삭제한다

글의 짜임새와 주제 점검을 마쳤다면
이제는 문장의 전체적인 흐름과 정확성을 살필 차례다.
단어 하나하나가 정확하고 바르게 쓰였는지,
앞뒤 문장의 흐름은 유연한지 등을 점검하는 것이다.
문장 연결이 자연스러워야 좋은 글이 된다.

이때 필요한 실천 전략이 '글의 군살 빼기'다.

긴 문장은 짧게 끊어 쓰고, 불필요한 수식어는 과감히 삭제한다.
수식어나 비유 등을 지나치게 사용하여 문장이 길어지면,
아마추어의 눈에는 멋져 보일지 몰라도
의미 전달이 퇴색되고 내용은 산만해진다.

문장의 군더더기를 없애야 날씬한 글이 된다.
적절한 단어를 사용하여 간결하게 쓴 문장이야말로
독자의 마음을 사로잡는다.
쉬운 단어로 간결하게 쓴 문장이야말로 최고의 문장이다.

군더더기 없는 글은 독자가 먼저 알아본다

실력 있는 정원사는 불필요한 가지를 아낌없이 자른다.
자신이 쓴 글을 압축하고 삭제하는 훈련을
밀도 있게 거친 글은 독자가 먼저 알아본다.

이런 글은 간결하면서도 끌어당기는 힘이 있다.
그렇다고 문장을 무조건 짧게 쓰는 것만이 능사는 아니다.

지나친 다이어트가 우리 몸을 해칠 수 있는 것처럼,
'글의 군살 제거' 또한
글의 맥락이나 분위기를 해치지 않는 범위에서 이뤄져야 한다.

양적, 질적 조화가 중요하다.

간밤에 쓴 글은
다시 보아야 한다

전문 작가라 하더라도 자신이 쓴 글을 다시 보면
고칠 부분이 문장 곳곳에서 발견된다고 한다.
오탈자는 물론 빼거나 새로 넣고 싶은 단어,
앞뒤 순서를 바꿔야 하는 문장, 적절하지 않은 어휘,
잘못된 표현 등이 발견되게 마련이다.

이것을 고쳤을 때와 고치지 않았을 때의 글은 크게 다르다.
말은 입 밖으로 한 번 뱉고 나면 수정이나 취소가 불가하지만,
글은 초고를 써놓고 계속 고쳐나가면서 완성도를 높일 수 있다.

따라서 글의 완성도를 높이려면
초고를 쓴 뒤에 반드시 다시 읽어봐야 한다.
쓰자마자 바로 살피기보다는
감정의 소용돌이가 가라앉은 뒤 읽어보는 것이 좋다.

본인이 쓴 글을 객관적 시각으로 보기 위해선 시간이 필요하다.

그러면 고칠 부분이 눈에 띌 뿐만 아니라,
글을 객관적으로 보는 감각도 키울 수 있다.
지나치게 감상적인 부분이나 적절치 못한 단어,
군더더기 등이 제법 발견될 것이다.

'한밤중에 분위기 잡고 쓴 연애편지'를
다음 날 읽어본 경험이 있을 것이다.
얼굴이 붉어지고 오글거리는 표현이 얼마나 많던가.

그러므로 원고를 고쳐 쓸 수 있는 시간적 여유를 갖고
글을 쓰는 것이 중요하다.
물론 글을 쓰는 중 계속해서 다시 읽어보며 고칠 수도 있다.
정교한 글쓰기로 나아가기 위한 지속적인 노력.
글쓰기에 임하는 사람이 습(習)으로 굳혀야 할 태도이다.

완성도 높은 글,
고쳐 쓰기가 답이다

아무리 좋은 글이라도 중간중간 맞춤법이 틀리거나
문맥이 맞지 않으면, 좋은 글의 요건을 갖췄다고 할 수 없다.
고쳐 쓰기(퇴고)가 중요한 이유다.

물론 퇴고를 하지 않는 사람은 없을 것이다.
대충 하느냐 꼼꼼하게 하느냐의 차이가 있을 뿐.

퇴고를 제대로 하지 않으면 설익은 음식을 식탁에 올리는 것과 같다.
마구 늘어놓은 집안에 손님을 들이거나,
맞선 자리에 잠옷 차림새로 나가는 것과 다르지 않다.

소설가 최인훈 작가는 그의 대표작《광장》을 일곱 번 출판했는데,
새로 인쇄에 들어갈 때마다 퇴고를 거듭한 것으로 알려져 있다.
헤밍웨이는《무기여 잘 있거라》의 마지막 장을
44번이나 고쳐 썼다고 한다.
명확한 단어 사용으로 글의 완결성을 높이고
맺음의 묘미를 살리기 위해서다.

충실한 퇴고는 독자에 대한 의무인 동시에 자기 작품에 대한 애정이다.

당신의 삶을 요리할 때

누구에게나 책 한 권 분량의 이야기는 있다
경험, 묵히지 말고 책으로 써보자
치유와 용서의 에너지가 팍팍 솟는 자기 서사 쓰기
나직한 목소리가 들려주는 삶의 감동
세상은 당신의 이야기를 기다린다
스토리텔링을 넘어 '내러티브' 글쓰기로
온전한 자기수용을 몸으로 익히는 서사 쓰기
콤플렉스는 내 글의 제재이자 힘
나의 강박증 극복에 관한 보고서
당신의 브랜드 가치를 높여주는 책 쓰기
미련하고 우직하게 글과 씨름하라
자서전 쓰기에 담긴 의미와 인생의 재발견
자서전 쓰기가 주는 유익
노년 설계와 자서전, 그 첫 페이지 시작법

'스토리 셰프' 봉 작가의 맛있는 글쓰기 레시피

누구에게나
책 한 권 분량의 이야기는 있다

인터넷 퍼블리싱이 일반화되면서 가슴속 이야기들을
블로그나 유튜브 등에 풀어내는 네티즌이 늘고 있다.

이들은 삶의 고통스러운 부분들을 일기 쓰듯 털어놓으면서
자기 치유를 경험하는가 하면,
자신도 모르는 사이 생활 수필이 무엇인지 알아간다.

비록 삶의 무게에 비해 표현이 투박할지라도
삶이 고스란히 녹아 있는 개인의 서사 글이
그 어떤 문학작품의 가치보다 크다는 것을 터득해 간다.

그렇게 점차 글에 대한 감각을 익히고,
다시금 일상의 생기를 되찾으며,
문학과 인연을 맺는 어른들을 보아왔다.

그러기에 나는 만나는 사람들에게
무슨 이야기든 자기 글을 써보라고 권장한다.
책 쓰기를 인도하는 나의 직업 때문이기도 하겠지만,
그것이 아니어도 나이 마흔을 넘긴 사람이면

그에게는 책 한 권의 분량만큼,
아니 그 이상의 노래가 있다는 것을 익히 알기 때문이다.

삶의 수레바퀴는 인간에게 밋밋하고
호락호락한 환경만을 제공하지는 않는다.
대다수의 사람들 어깨 위에
'산골짜기를 지나고 험한 바다를 건너는' 체험을 얹어준다.
또한 그 질곡을 용케 딛고 일어서
기어코 '개개인의 음률과 노랫말'을 갖게 한다.

경험, 묵히지 말고
책으로 써보자

책을 쓰는 것은 가장 돈을 적게 들이면서
객관적으로 전문성을 인정받을 수 있는 가장 확실한 방법이다.
책은 자기가 하고 싶은 일을 하면서
전문가의 길로 들어설 수 있는 로드맵을 제공한다.

확고한 전문 지식이나 이렇다 할 경력이 없다 해도
책을 쓰는 일은 가능하다.
그 어떤 사람이라도 나만이 잘 하는 일,

나만이 좋아하는 분야가 있기 마련이다.

겉보기에 평범한 삶을 살아온 사람일지라도
남모를 여정이 있을 것이다.
아니, 누구에게나 최소한
책 한 권 분량만큼의 이야기가 고여 있게 마련이다.

"내 얘기만 써도 소설 몇 권 분량은 된다"고 말하는 사람은 많다.
그러나 쓰기를 시작하는 사람은 드물다.
어찌어찌 시작은 했어도 마지막 매듭을 짓는 사람은 더 적다.

콘텐츠가 빈약하거나 글 쓰는 실력이 부족해서가 아니다.
집중과 선택의 문제일 뿐이다.
책 쓰기의 중요성을 알면서도
그 일에 우선순위를 두지 않아서일 것이다.

구슬이 서 말이라도 꿰어야 보배다.

치유와 용서의 에너지가 팍팍 솟는
자기 서사 쓰기

자신의 과거 경험을 떠올리며 글을 써가는 자서전 교실의 어르신들.
이분들에게서 자주 듣는 말이 "참 많이 울었다"라는 표현이다.

어르신들은 지난날을 추억하는 글을 쓰는 과정에서,
그리고 동료들과 글을 나누는 시간에 자주 목이 멘다.

과거를 드러내고 헹굼 하는 글쓰기 과정은
흡사 살풀이 같다.
영광도 과오도 낱낱이 드러낼 때
자신과의 화해가 일어나고,
비로소 타인을 이해하게 된다.

이때 자아성찰 지능이 훌쩍 자란다.
나이 고하를 막론하고.
자아성찰 지능이 높아지면
자신의 감정을 이해하고 조율하는 힘이 생긴다.
이는 노년의 삶에서 원활한 관계 맺기의 새로운 덕목이 된다.

실제로 감정 표현이 서툴렀던 어르신들은
자서전을 낸 후 대인관계에서 많이 유연해지고
이완된 모습을 보였다.

성찰과 화해를 통해 타인의 감정을 읽을 줄 아는
감성 능력이 향상된 까닭이다.

나직한 목소리가 들려주는
삶의 감동

삶과 글이 일치하는 인생을 살았던 작가가 있다.
동화 작가 권정생(1937~2007) 선생이다.

선생은 평생 병든 몸으로 가난하게 살면서도
주옥같은 작품들을 남겼다.
그는 스스로 선택해서 청빈한 삶 속으로,
더 낮은 자리로 걸어 들어갔다.
그리하여 세상 사람들이 "활짝 핀 꽃이 아름답다"라고 말할 때,
선생은 거름이 되어 꽃을 키우는 《강아지똥》에 대해 노래했다.

그는 평생을 경북 안동의 시골 마을 오두막집에서 가난한 삶을 이어갔다.

그런 중에도 힘없고 고통 받는 이웃을 위해
차가운 마룻바닥에서 매일 기도를 올렸다.

선생의 작품들 또한 선생의 삶처럼
'작고, 낮고, 약한 것'들의 이야기로 꾸려졌다.
선생의 대표작 《몽실 언니》는 일제강점기에 태어나
한국전쟁을 겪으며 힘겹게 살았던 아이, '몽실의 이야기'다.
가난과 전쟁 속에서 몽실이는 두 아버지와 두 어머니를 맞게 되고,
훗날 그들 모두를 잃는다.
새아버지의 폭력으로 절름발이가 되고,
아버지가 다르거나 어머니가 다른 세 동생을 떠맡는다.
질긴 불행 속에서도 어린 몽실이는 동생들을 거두고
자신에게 불행을 안겨준 부모들을 이해하고 용서한다.

작가는 그가 깨달은 삶의 진실을 나직하지만
단호한 목소리로 들려준다.
중요한 것은 이 모든 이야기가 작가 자신이
온몸으로 겪었던 개인사라는 점이다.

글쓰기와 삶은 하나다.
시가 됐든 소설이 됐든, 삶과 유리되어서는 안 된다.
어떤 식으로든 삶에 뿌리내리고 있어야 한다.

요즘에도 글쓰기 교실과 북코칭 그룹에서
'삶이 어떻게 해서 글이 되고 책이 되는가?'에 대해 가끔 논의한다.

이 주제는 '삶과 일치되는 글쓰기'와
'이왕 살아가는 인생, 어떻게 하면 글이 나오고
책이 될 만한 삶을 살까?'와 연결된다.
또한 지금의 자리에서
'앞으로 어떤 글을 쓰면서 살아갈 것인가?'를
스스로에게 묻고 답을 구하는 시간으로 채워진다.

'어떤 글을 쓸 것인가'에 대한 고민은 결국
'어떤 삶을 살 것인가'와 철저히 맞물려 있는 것이다.

세상은 당신의 이야기를 기다린다

자신만의 독특한 세계를 가진 사람들은 글을 쓰고 싶어 한다.
치열하게 살아가는 사람, 남다른 시각을 가진 사람,
굴곡진 삶을 살아온 사람일수록 자신의 삶을 활자화하고 싶어 한다.

다른 사람들이 생산해낸 이야기만으론 충족되지 않는
무언가가 자기 안에 있기 때문이다.

작가들만이 글을 쓰는 시대는 오래전에 끝났다.
이 시대 삶의 주인공이라면 누구나 글을 쓸 수 있고,
자신의 이야기를 전파하는 메신저가 될 수 있다.
실제로 그런 주인공들이 매일 쏟아져 나오는 추세다.

글을 쓰는 일과 책을 내는 일은 평범한 사람에게 더욱 필요하다.
유명 작가들이야 출판사에서 먼저 달려들지만,
평범한 우리들의 이야기는 우리가 엮어갈 수밖에 없다.

글쓰기는 쉽지 않은 일이다.
하지만 자신의 소중한 삶을 엮어 책으로 펴내는 과정은
매우 의미 있고 즐거운 작업이다.
자신만의 고유한 경험이나 삶의 특별한 순간을 글로 쓰는 일은
자기 이해와 자기 정화의 시간을 제공해준다.

글쓰기를 하면서 비틀거렸던 지난날의 자신을 만나고,
미처 깨닫지 못한 삶의 어두운 단면과 맞닥뜨리기도 한다.
이러한 삶의 아픔들은
글쓰기를 하는 동안 정리되고 치유된다.

글쓰기는 자신을 성찰하고 타인을 헤아리며
새로운 세상으로 나아가는 통로가 된다.

세상은 당신의 이야기를 뭉근히 기다린다.
당신의 이야기는 힘이 세다.

스토리텔링을 넘어
'내러티브' 글쓰기로

수많은 정보와 이야기가 차고 넘쳐나는 시대.
주목받는 글쓰기를 위한 다양한 시도와 연구가 이뤄지는 가운데,
근래 가장 각광 받던 글쓰기 형식이 '스토리텔링'이었다.
그러나 이젠 '스토리텔링'을 넘어 '내러티브' 글쓰기가 대세다.

'뉴스'와 '이야기'가 결합된 스토리 뉴스

신문기사의 새로운 방식인 내러티브(Narrative)란
삶의 현장을 담아내는 새로운 보도 형태로서,
'뉴스'와 '이야기'가 결합된 스토리 뉴스를 말한다.

형식으로 따지자면 기사보다 오히려 소설에 가깝다.
이야기가 들어 있는 서사 구조이기 때문이다.

이 내러티브가 소설과 다른 점이라면,

허구나 상상이 아니라
실제 있는 사실을 바탕으로 기술한다는 것이다.

언론 분야 최고의 상인 퓰리처상 수상작들이
대부분 '내러티브 기사'로 쓰였다는 것은 널리 알려진 사실이다.

개인을 입구로 해서 사회적 현상을 은유하는 글쓰기

기존의 기사 형식으로는 소화하기 힘든 '세상 속 세상'을
이야기체(Storytelling)로 풀어내는 내러티브 스타일은
'개인을 입구로 해서 사회적 현상을 은유하는' 글쓰기다.

즉, 주제를 상징적으로 대표하는 하나 또는 한 사람의 이야기로
사회 구조적 문제점을 부각시키는 방식이다.
기존의 지면과 기사 방식으로는 소화하기 어려운,
삶과 현장의 깊숙한 이야기들을 진지하게 담아내기에
내러티브 스타일의 기사만큼 적절한 형식은 없다.

가령, 화재 피해가 컸던 경북 울진의 산불 사건을 살펴보자.
각 언론사에서는 같은 숫자의 피해 규모와 이재민을
제목으로 뽑을 수밖에 없다.
언론의 기능이니만큼 이러한 정보 전달도 필요하다.

하지만 독자는 여기서 한 걸음 더 나아가길 원한다.
안타까운 소식을 접하면서도 숫자와 통계만이 아닌,
뭔가 훈훈한(사람 냄새가 나는) 이야기가 담기길 원하는 것이다.

최근의 뉴스를 하나 가져와 봤다.

산불을 피해 외양간에 있던 소 20마리를 모두 풀어주고
몸만 겨우 빠져나온 남계순(경북 울진) 씨 부부,
대피소에 있다 집으로 돌아온 뒤 깜짝 놀랐다.
죽은 줄로만 알았던 소들이 모두 돌아와 있었던 것이다.
"이리와 하니까 오더라고 소가.
들어가 하니까 자기 집을 찾아 들어가더라고.
생각하면 막 나도 모르게 복받쳐서 울음이 나와요."
– 채널A 뉴스 2022. 3. 8 –

서사 구조를 통해 지혜를 전해주는 글쓰기 방식인,
내러티브 글의 본질은 단연 사람이다.
사건 결과나 정보 전달에 비중을 두는 것이 정보형 글이라면,
내러티브 글은 '사람'과 '사건의 과정'에 중점을 둔다.

결과나 정보 전달이 아닌, '과정'과 '사람'에 중점을 두자

자살 사건에 대한 기사의 경우도
대부분 사건의 개요와 결과 중심으로 보도된다.
하지만 내러티브 글에서는 특정 개인이 왜 자살을 시도했고,
어떤 고민과 문제 상황에 처해있었는지를 보여준다.

한마디로 '갈등에 빠진 사람이 그것을 어떻게 헤쳐 나가는가'를
지켜보는 것이 내러티브 글이다.
이것이 소설보다 실화가 더 끌리는 이유이기도 하다.

온전한 자기수용을
몸으로 익히는 서사 쓰기

연세 지긋한 분들이
책 쓰기 교실에 들어와 지난 삶을 돌아보기 시작한다.

창피하거나 부끄러워서, 죄책감으로 꽁꽁 묻어뒀던
지난날을 돌아보며 비로소 자신의 존재를 인식해 간다.

성인(成人)의 덕목 중 하나가 자신을 아는 것이다.

그들은 스스로에게 질문을 던짐으로써
자신이 누구이고, 어떻게 살아왔으며,
혹여 잘못 꿴 단추는 없었는지 등을 찬찬히 돌아본다.

이렇듯 개인의 서사 쓰기는 자아성찰의 출발선에 서게 한다.
내가 나를 살피고, 내게 물으며, 그 물음에 대해
오롯이 내가 답하는 시간이 바로 이 과정이기 때문이다.

실제 이분들은 글을 쓰면서 비틀거렸던 과거와 만난다.
패배의 기억과 맞닥뜨리기도 한다.
또한 그 일로부터 내가 배운 것은 무엇이고,
나에게 중요한 사람은 누구인지,
무엇이 나를 행복하게 만드는지…
지난 경험을 차곡차곡 써가면서 교훈도 얻고,
자신의 강점과 약점도 알아간다.

젊은 날 자신을 힘들게 했던 욕심을 내려놓기도 하고,
꿈꾸었지만 성취하지 못한 것에 대해
스스로 도전할 기회를 찾기도 한다.

무엇보다 지금의 모습 그대로를 수용하게 되는 것이
자기 서사 쓰기의 가장 큰 수확이 아닌가 한다.

콤플렉스는 내 글의 제재이자 힘

심리학에서 '잠재된 감정의 복합체'라는 의미로 명명한 콤플렉스는
행동이나 지각에 영향을 미치는 무의식의 감정적 관념을 뜻한다.
콤플렉스는 강박 관념, 열등감, 욕구 불만 등으로 쓰이기도 한다.

원치 않는 생각과 현상 때문에 반복적으로 괴로움을 당하며
그것에 매몰되지 않으려 저항하면 할수록 더욱더 불안해지는
일종의 심리적 질환이라 할 수 있다.

이때 자신이 원치 않는데 반복적으로 떠오르는 생각을 '강박적 사고',
이러한 강박적 사고에 의해서 자신이 원치 않는
반복적인 행동을 하는 것을 '강박적 행동'이라 한다.
강박증 환자의 약 70%는 강박적 사고와 강박적 행동 모두를
가진 것으로 알려져 있다.

집을 나오기 전에 몇 번씩 문단속을 했는지 확인한다거나
오염이나 청결에 대한 과도한 집착,
질병에 대한 지나친 염려,
특정인에 대한 병적인 의심,
끊임없이 성적인 생각에 시달리는 것 따위가
강박의 증상이라 할 수 있다.

모든 현대인은 콤플렉스를 안고 산다

어린 시절 어머니의 사랑을 받지 못해 생겨난 '애정 콤플렉스' 때문에
사랑하는 여자를 끔찍할 정도로 구속하고 불신하는 남자,
'남자 콤플렉스'로 인해 남자의 권위적인 태도만 보면
격렬한 반응을 보이는 여성 등
우리 주변에는 다양한 콤플렉스의 굴레에 갇힌 사람들이 있다.

그들의 초상은 남모를 콤플렉스를 안고
살아가는 '나'의 모습이기도 하다.

그동안 이러한 강박 관념은
'자신을 힘들게 몰아세우고, 주변 사람들에게 상처를 입히는
나쁜 것'으로 간주되어 왔다.

자기 안의 강박증과 열등감을 성장 동력으로 삼는 글쓰기

그러나 현대인들에게 이런 콤플렉스나 강박증은
이제 약점이 아니다.
자기 안의 열등감이나 욕구 불만을 외면하지 않고
잘 살피고 활용할 경우,
오히려 성장의 동력으로 만들 수 있다.

더구나 개개인의 특성에 귀 기울여 주는 세태인 요즘엔,
소시민의 열등감이나 연약함이 오히려 상품이 되기도 한다.
소시민이 소시민을 소비하는 세상이 왔다고 해야 할까.

글을 쓰는 사람은 자신의 강박관념에 대해 쓰게 되어 있다.
자서전 쓰기 교실에서 나는 이 점을 거듭 강조한다.

자주 출몰해서 자신을 괴롭히는 것, 절대 잊을 수 없는 것,
그것에서 벗어나기를 바라는 것을
이야기로 풀어내는 것이 바람직하다.

오랜 세월 쌓인 욕구 불만이나 열등감 등을
글쓰기에서조차 털어놓지 못한다면,
그것은 자신을 위한 글쓰기가 아닐 것이다.

나의 강박증 극복에 관한 보고서

우리는 알게 모르게 일상에서 강박 충동의 조종을 받는다.

알코올 중독자는 본능적으로 술을 찾는다.
의처증 환자는 대상을 가리지 않고 아내를 의심한다.

도박 중독자는 현실에서 살지 않는다.

마음속의 어두운 그림자와 대면할 때,
그것은 완전히 새로운 이야기로 펼쳐진다.
의식 상태에서는 제어하려 하나, 무의식의 감정과 행동이
반복적으로 그를 옭아매기 때문이다.

이런 중독증처럼 강박증도 불가항력의 힘을 지니고 있다.
그러나 우리가 마음속의 아픔과 어두운 그림자를 대면하면,
그것은 완전히 새로운 이야기로 펼쳐지고
새로운 창조를 실현할 수 있도록 도와준다.

나는 과거 한때 흡연을 즐겼다.
젊은 시절 잘라내기 힘들었던 딱 하나의 물질 중독이 담배였다.

커피숍을 자주 찾은 이유도
편안하게 담배를 피울 수 있었기 때문이다.
원고를 쓰는 동안에도 나의 한 손에는 담배가 들려 있었다.
시야가 탁 트인 바다를 바라보면서도,
어느 주인공의 기구한 인생이 펼쳐지는 영화를 보는 순간에도,
담배 생각을 하고 있는 나를 발견했다.

나이 마흔이 넘어 심리상담학을 공부하면서
흡연에 집착했던 나에 대한 심리분석을 겸해 글쓰기를 했다.
내 안의 담배 이야기를 풀어내며 흡연 욕구에서 해방될 수 있었다.

이처럼 내면에 진을 치고 있는 강박증과 콤플렉스는
숨길 것이 아니라, 밖으로 표출시켜야 한다.
여태껏 자신을 시시때때로 억압해왔거나 자신을 괴롭히는
이 강박증에 현미경을 들이대고 글로 풀어내는 순간,
그 콤플렉스는 놀라운 삶의 에너지로 환치될 것이다.

자신 안의 강박증과 콤플렉스를 열어서 보여주는 만큼
주위의 이해와 도움도 받을 수 있다.
이것이 갈 길을 잃고 막혀 있던 삶의 에너지,
즉 콤플렉스가 가진 힘이다.

오프라 윈프리(Oprah Winfrey)는
자신의 콤플렉스를 '별'로 만든 대표적인 사람이다.

"나는 사생아로 태어나 어릴 적 강간을 당한 적이 있어요."

수많은 대중 앞에서 이 말을 한 후,
그녀는 마음이 깃털처럼 가벼워졌다고 한다.

콤플렉스는 감추면 홀로 감당하는 아픔이 되지만,
말하는 순간 그것은 더 이상 콤플렉스가 아니다.

대개 사람들은 콤플렉스를 글로 옮길 때 자유로운 영혼이 된다.
그런가 하면 콤플렉스를 지니고 살아가는
수많은 사람의 공감을 이끌어내게 된다.
그리하여 나의 상처는 치유되고,
내 이야기는 그들에게 다가가 그들의 아픔을 감싸주게 된다.

결국 내 안의 어두운 그림자는 감춰야 할 부끄러움이 아니라,
함께 풀어써야 할 소중한 글의 주제이다.

당신의 브랜드 가치를
높여주는 책 쓰기

대중의 사랑을 받아온, 소위 이름 있는 작가들은
시대를 초월해 한 목소리로 말한다.

"다른 사람의 이야기에 더 이상 열광하지 말라."

부족한 뭔가를 채우기 위해 자신의 시간과 돈을 소비하며

다른 사람의 강연이나 책을 찾아 기웃거리는 걸 멈추라는 뜻이다.
성공적인 인생을 펼치는 데 필요한 모든 자원은
다른 데 있지 않고 자기 안에 있다는 것이다.
한마디로 '보물은 내 안에 있다'는 메시지의 역설이다.

자신의 이야기야말로 가장 '힘'이 세다.
그간의 궤적들, 어린 시절,
부모로부터 받은 학습과 기나긴 배움의 시간,
무수한 만남과 그 관계성 안에서의 훈련들,
일과 전공 분야, 사회활동에서 얻은 성취의
기쁨과 실패의 쓰라림,
이별의 아픔, 사랑과 결혼, 가족 이야기….

이런 삶의 재료들과 경험들을 통해
나만이 배우고 깨달은 인생의 지혜와 기술들은
이미 차고도 넘친다.

이 정도면 당신의 브랜드 가치를 높여줄
두세 권 분량은 거뜬하다.
어디서도 구할 수 없는, 진귀하고 영험한 텍스트다.

미련하고 우직하게
글과 씨름하라

글로 자신의 삶을 세상과 나누기로 했다면,
좀 미련하다 싶을 정도로 글과 씨름할 줄 알아야 한다.

한 사람의 인생을 텍스트로 삼아서
'독자의 가슴을 적시고 혼을 건드리는' 글이 되게 하려면,
집필에 들어가기 전부터 줄곧
생각을 정리하고 숙성시키는 시간이 필요하다.

애벌레가 나비로 변태하기 위해 '고치'에 들어가
암흑의 시간을 견뎌내듯,
생각의 정리와 숙성을 가져다주는 '사고의 발효 과정'이야말로
자신을 치유하고 삶을 정돈하는 일이기 때문이다.

작가란 나 자신의 생애를 비롯해 '누군가의 삶을 쓰는' 사람이다.
따라서 글쓰기에 임하는 자세는 '미련하게'를 택하길 권한다.

자서전 쓰기에 담긴 의미와
인생의 재발견

70년 이상을 우리나라에서 살아온 어른 세대만큼
격변의 세월을 보낸 사람도 드물다.
한 사람 한 사람의 파란만장한 일대기는
그 자체만으로도 훌륭한 스토리가 된다.

그들은 세계에서 유일하게 서양 제국이 아닌
일제의 식민지 생활을 경험했다.
해방 후에는 동족상잔의 전쟁을 치렀으며,
보릿고개를 넘어야 했고,
전쟁으로 폐허가 된 땅을 번영의 땅으로 바꾸어 놓았다.

전쟁으로 인한 폐허의 땅을 번영의 나라로 바꾼 주인공들

일제의 잔인한 민족말살정책에도 끈질기게 목숨을 이어온 그들은
제2차 세계대전 후 해방된 140여 개국 중
근대화를 성공시킨 유일한 주인공이기도 하다.

그들의 근면성과 창의성을 이어받은 지금의 대한민국은
전 세계인이 부러워하는 문화강국으로 부상했다.

이들 개개인의 역사는
드라마틱한 근·현대사의 사료(史料)가 아닐 수 없다.

한국의 베이비부머 세대 역시 시대사적 이유 때문에
'행복하고 건강한 노인상'을 직접 확인하기가 어려웠다.
노인에 대한 일반의 인식 또한 많은 부분 왜곡되어 있다.
이런 점을 깨닫는 것이 행복한 노년을 맞이하는 데
중요한 과제가 될 것이다.

그런데 '100세 시대'를 살아가는 지금,
70세가 돼도 노인 축에 들지 않을 만큼 사회는 젊어졌다.
이젠 70세를 지나고 나서도 30년 안팎의 여생이 기다리고 있기에,
새로이 노후 설계를 하지 않으면 안 된다.

길어진 노년기를 위한 노후 설계가 필요하다

누구나 늙는 건 저절로 된다.
하지만 길어진 노년기를 행복하게 보내기 위해서는
부단한 노력이 필요하다.

유년기나 젊은 시절을 돌아보는 것 외에
노년기의 발달 과제를 해결하는 일도

자서전 쓰기에서 매우 중요하다.
은퇴, 노화, 자녀의 독립, 배우자와의 사별이 그렇다.

노년기에 접어든 사람들은 슬픈 감정을 잘 드러내지 않는다.
하지만 많은 경우 외로움과 슬픔이 우울증으로 옮겨간다.
원인 모를 기능 장애를 호소하는 노인들도 많다.

이럴 때 노인들은 스스로 하루 일과를 적극적으로 계획하고,
사회에서 할 일을 찾으며, 주변의 도움도 구해야 할 것이다.

노화로 인한 수치심과 절망감을 조절하는 법,
행복하게 살기 위해 지(智), 덕(德), 체(體)의 훈련도 필요하다.

이와 함께 지난 생애를 반추하는 글쓰기는
자가 치유의 힘을 길러줄 것이다.
자서전 교실을 이끌면서 이런 치유 사례를 구체적으로 목도했다.

자서전 쓰기가 주는 유익

어떤 글이든 직·간접적으로 자신의 사유 과정이 담겨 있고,
나를 드러내 보일 수밖에 없다.

그 안에서 비틀거렸던 과거의 발자국과 일그러진 모습,
은밀하게 자리한 상처나 음습한 어둠들과 맞닥뜨릴 수도 있다

내 안의 상처 vs. 내 인생의 가치 정립

그것들을 툭툭 털어내고 바짝 말려서
영혼이 새털처럼 가벼워질 수 있도록
도와주는 것이 자서전 글쓰기다.

한 번쯤 자신의 인생을 정리하고 회고함으로써,
남은 미래를 조망해볼 수 있다는 점에서
자서전 글쓰기는 가장 큰 유익이 있다.

매끈한 글이 아니어도 상관없다.
불후의 명작을 탐할 필요는 더욱 없으니,
'잘 써야 한다는' 부담감 따위는 갖지 않아도 될 듯하다.

나에게 배울 수 있는 정말 소중한 시간

인생 중 내가 나에게 객관적인 시간을 갖기란 쉽지 않다.
자서전 쓰기는 이런 기회를 제공해준다.

비록 내 인생이 위대한 업적을 남긴 것도 아니고,
장애를 극복한 인간 승리의 역사가 아닐 수도 있다.
하지만 스스로에게 솔직해질 수 있고,
내 인생을 이끌어온 가치와 생각을 정리해볼 수는 있다.
이 시간을 통해 본인의 인생 가운데
모호했던 생각들이 선명해질 수 있다.

자서전 쓰기는 내가 나를 살피는 시간을 제공할 뿐만 아니라,
내가 나에게 배울 수 있는 소중한 기회를 부여해준다.

노년 설계와 자서전,
그 첫 페이지 시작법

지금 살아 있다는 것으로
우리는 모두 인생에서 성공한 사람이다.
비록 사업에 실패했거나 삶의 여정에서 자주 넘어졌을지라도
그런 질곡의 시간을 거쳐 오늘에 이르렀기에,
쓸거리를 더욱 풍성하게 확보하고 있는 것이다.

파편처럼 흩어진 삶의 경험과 흔적을 돌아보고 의미를 꿰어보면,
어떤 소설보다 흥미진진하며 가치가 큰 역사적 기록이 될 수 있다.

개개인의 역사 속에는 우리 모두의 삶과 현대사가
고스란히 녹아 있기 때문이다.

자서전 쓰기의 보편적 방법 두 가지

자서전을 쓰는 법은 다양하나, 가장 보편적인 방법은 두 가지다.
태어날 때부터 지금까지의 삶을 연대기 순으로 정리하되,
연령대별 또는 주제별로 써 내려가는 방법이다.

연령대별로는 10대, 20대, 30대, 40대, 50대, 60대로
나누어 정리하는 방식이다.
10년 단위로 작성한 생애 그래프를 참고하여
굵직한 사건이나 잊을 수 없는 순간들을 기록한다.

주제별은 유년의 기억, 학창시절, 일과 사랑,
결혼, 부모, 빈 둥지와 제2의 신혼 등 각각의 주제로 나눈 뒤
구체적인 질문을 던지고 답을 써 내려가면 된다.

주제별로 쓸 경우에는 시간적 순서와 상관없이
가장 중요하게 다루고 싶은 부분을 앞으로 끌어낼 수 있다.

글쓰기가 처음이라면 하루 A4 용지 한 장부터

글쓰기가 처음인 경우,
한꺼번에 많은 분량을 쓰려는 부담을 내려놓아야 한다.
하루에 A4 용지 반 장에서 한 장을 쓴다는 마음으로
시작하면 좋을 것이다.

일반 글쓰기에 비해 '호흡이 제법 긴' 자서전을 쓰려면
무엇보다 끈기가 필요하다.
글쓰기라는 마라톤을 완주할 수 있도록
심신을 최상으로 유지하려는 노력 또한 기울여야 한다.

혜안을 지닌 시니어들의 글쓰기 활동은
개인의 작업을 뛰어넘어 우리의 향토문화 전승 및
지역사회 발전에 적잖이 기여할 것이다.

펜 끝으로 자신을 세상에 알리며,
그렇게 몸으로 익힌 글쓰기가
인생에 새로운 길을 내어주고
아름다운 노래를 실어 날라줄 것임을 확신한다.

책쓰기,
웰빙 라이프의 시작을 기원하며

역사의 거울에 자신을 비춰보며 추억이라는 사진을 꺼내
지나온 인생 여정을 정리해가는 이분들과 함께 하노라면,
한 줄의 글 속에 배어 있는 한숨과 역경과 인내가
고스란히 전해진다.

그리고 그 삶의 노정에서 터득한,
어르신들의 빛나는 지혜를 나는 덤으로 얻는다.

나의 어른 친구들은 그렇게 책 쓰기 교실에 들어와
그동안 까맣게 잊고 지냈던 일들을 되살려 낸다.

또한 남은 생애 동안 새로이 내딛을 자신의 행보를
가늠하는 시간으로 채워간다.

'100세 시대'라는 길어진 노년기를 의미 있게 보내기 위해
개인 서사 쓰기를 시작한 분들.
바로 나와 연(緣)을 맺고 있는 어른들이다.

실제로 이분들은
자신의 지난 생애를 반추하는 글쓰기를 통해
자가 치유의 힘도 기르고,
글쓰기 동료들과 더불어 사회의 어른으로 살아갈 수 있는
삶의 기술과 지혜를 익혀 나간다.

살아 있는 도서관이자 학교인,
내 귀한 친구 한 분 한 분의 웰빙 라이프(Well-being life)를 기원한다.

'스토리 셰프' 봉 작가의
맛있는 글쓰기 레시피

초판 1쇄 인쇄 | 2022년 9월 20일
초판 1쇄 발행 | 2022년 9월 25일

지 은 이 | 봉은희
펴 낸 이 | 김진성
펴 낸 곳 | 벗나래
편   집 | 김선우, 허강
디 자 인 | 성숙
표지그림 | 박미옥
관   리 | 정보해
출판등록 | 제2016-000007
주   소 | 경기도 수원시 장안구 팔달로237번길 37, 303호(영화동)
전   화 | 02-323-4421
팩   스 | 02-323-7753
이 메 일 | heutebooks@hanmail.net
홈페이지 | www.heute.co.kr

copyright ⓒ 2022 by 봉은희

값 13,000원

ISBN 978-89-97763-45-0